Doce cuentos peregrinos

DOCE CUENTOS PEREGRINOS

Gabriel García Márquez

MONDADORI

grijalbo mondadori

Barcelona, 1996

© 1992 Gabriel García Márquez
© 1992 de la edición castellana para España:
    MONDADORI (Grijalbo Mondadori, S.A.)
    Aragó, 385. 08013 Barcelona
Derechos exclusivos únicamente para España. Prohibida su venta
en los demás países del área idiomática de lengua castellana.
Diseño: Àngels Prats Nadal
Ilustración de la cubierta: Jordi Sàbat
Segunda edición (primera en esta colección), febrero de 1996
Primera reimpresión, abril de 1999
ISBN: 84-397-0103-9
Depósito legal: M. 13.482-1999
Impreso y encuadernado en Artes Gráficas Huertas, S.A.
Fuenlabrada (Madrid)

Índice

Prólogo. Porqué doce, porqué cuentos y porqué
peregrinos,   9
Buen viaje, señor presidente,   19
La santa,   53
El avión de la bella durmiente,   73
Me alquilo para soñar,   83
«Sólo vine a hablar por teléfono»,   95
Espantos de agosto,   119
María dos Prazeres,   125
Diecisiete ingleses envenenados,   147
Tramontana,   165
El verano feliz de la señora Forbes,   175
La luz es como el agua,   195
El rastro de tu sangre en la nieve,   203

Prólogo

Porqué doce, porqué cuentos y porqué peregrinos

Los DOCE cuentos de este libro fueron escritos en el curso de los últimos dieciocho años. Antes de su forma actual, cinco de ellos fueron notas periodísticas y guiones de cine, y uno fue un serial de televisión. Otro lo conté hace quince años en una entrevista grabada, y el amigo a quien se lo conté lo transcribió y lo publicó, y ahora lo he vuelto a escribir a partir de esa versión. Ha sido una rara experiencia creativa que merece ser explicada, aunque sea para que los niños que quieren ser escritores cuando sean grandes sepan desde ahora qué insaciable y abrasivo es el vicio de escribir.

La primera idea se me ocurrió a principios de la década de los setenta, a propósito de un sueño esclarecedor que tuve después de cinco años de vivir en Barcelona. Soñé que asistía a mi propio entierro, a pie, caminando entre un grupo de amigos vestidos de luto solemne, pero con un ánimo de fiesta. Todos parecíamos dichosos de estar juntos. Y yo más que nadie, por aquella grata oportunidad que me daba la muerte para estar con mis amigos de América Latina, los más antiguos, los más queridos, los que no veía desde hacía más tiempo. Al final de la ceremonia, cuando empezaron a irse, yo intenté acompañarlos, pero uno de ellos me hizo ver con una severidad terminante que para mí se había acabado la fiesta. «Eres el único que no puede irse», me dijo. Sólo entonces comprendí que morir es no estar nunca más con los amigos.

No sé por qué, aquel sueño ejemplar lo interpreté como una toma de conciencia de mi identidad, y pensé que era un buen punto de partida para escribir sobre las cosas extrañas que les suceden a los latinoamericanos en Europa. Fue un hallazgo alentador, pues había terminado poco antes *El Otoño del Patriarca*, que fue mi trabajo más arduo y azaroso, y no encontraba por dónde seguir.

Durante unos dos años tomé notas de los temas que se me iban ocurriendo sin decidir todavía qué hacer con ellos. Como no tenía en casa una libreta de apuntes la noche en que resolví empezar, mis hijos me prestaron un cuaderno de escuela. Ellos mismos lo llevaban en sus morrales de libros en nuestros viajes frecuentes por temor de que se perdiera. Llegué a tener sesenta y cuatro temas anotados con tantos pormenores, que sólo me faltaba escribirlos.

Fue en México, a mi regreso de Barcelona, en 1974, donde se me hizo claro que este libro no debía ser una novela, como me pareció al principio, sino una colección de cuentos cortos, basados en hechos periodísticos pero redimidos de su condición mortal por las astucias de la poesía. Hasta entonces había escrito tres libros de cuentos. Sin embargo, ninguno de los tres estaba concebido y resuelto como un todo, sino que cada cuento era una pieza autónoma y ocasional. De modo que la escritura de los sesenta y cuatro podía ser una aventura fascinante si lograba escribirlos todos con un mismo trazo, y con una unidad interna de tono y de estilo que los hiciera inseparables en la memoria del lector.

Los dos primeros —*El rastro de tu sangre en la nieve* y *El verano feliz de la señora Forbes*— los escribí en 1976, y los publiqué enseguida en suplementos literarios de varios países. No me tomé ni un día de reposo, pero a mitad del tercer cuento, que era por cierto el de mis funerales, sentí que estaba cansándome más que si fuera una novela. Lo mismo me ocurrió con el cuarto. Tanto, que no tuve aliento para terminarlos. Ahora sé por qué: el esfuerzo de escribir un cuento corto es tan intenso como empezar una novela. Pues en el primer párrafo de una novela hay que definir todo: estructura, tono, estilo, ritmo, longitud, y a veces hasta el carácter de algún personaje. Lo demás es el placer de escribir, el más íntimo y solitario que pueda imaginarse, y si uno no se queda corrigiendo el libro por el resto de la vida es porque el mismo rigor de fierro que hace falta para empezarlo se impone para terminarlo. El cuento, en cambio, no tiene principio ni fin: fragua o no fragua. Y si no fragua, la experiencia propia y la ajena enseñan que en la mayoría de las veces es más saludable empezarlo de nuevo por otro camino, o tirarlo a la basura. Alguien que no recuerdo lo dijo bien con una frase de consolación: «Un buen escritor se aprecia mejor por lo que rompe que por lo que publica». Es cierto que no rompí los borradores y las notas, pero hice algo peor: los eché al olvido.

Recuerdo haber tenido el cuaderno sobre mi escritorio de México, náufrago en una borrasca de papeles, hasta 1978. Un día, buscando otra cosa, caí en la cuenta de que lo había perdido de vista desde hacía tiempo. No me importó. Pero cuando me convencí de que en realidad no estaba en la mesa sufrí un ataque de pánico. No quedó en la casa un rincón sin registrar a fondo. Removimos los muebles, desmontamos la biblioteca para estar seguros de que no se había caído detrás de los libros, y sometimos al servicio y a los amigos a inquisiciones imperdonables. Ni rastro. La única explicación posible —¿o plausible?— es que en algunos de los tantos exterminios de papeles que hago con frecuencia se fue el cuaderno para el cajón de la basura.

Mi propia reacción me sorprendió: los temas que había olvidado durante casi cuatro años se me convirtieron en un asunto de honor. Tratando de recuperarlos a cualquier precio, en un trabajo tan arduo como escribirlos, logré reconstruir las notas de treinta. Como el mismo esfuerzo de recordarlos me sirvió de purga, fui eliminando sin corazón los que me parecieron insalvables, y quedaron dieciocho. Esta vez me animaba la determinación de seguir escribiéndolos sin pausa, pero pronto me di cuenta de que les había perdido el entusiasmo. Sin embargo, al contrario de lo que siempre les había aconsejado a los escritores nuevos, no los eché a la basura sino que volví a archivarlos. Por si acaso.

Cuando empecé *Crónica de una muerte anunciada*, en 1979, comprobé que en las pausas entre dos libros perdía el hábito de escribir y cada vez me resultaba más difícil empezar de nuevo. Por eso, entre octubre de 1980 y marzo de 1984, me impuse la tarea de escribir una nota semanal en periódicos de diversos países, como disciplina para mantener el brazo caliente. Entonces se me ocurrió que mi conflicto con los apuntes del cuaderno seguía siendo un problema de géneros literarios, y que en realidad no debían ser cuentos sino notas de prensa. Sólo que después de publicar cinco notas tomadas del cuaderno, volví a cambiar de opinión: eran mejores para el cine. Fue así como se hicieron cinco películas y un serial de televisión.

Lo que nunca preví fue que el trabajo de prensa y de cine me cambiaría ciertas ideas sobre los cuentos, hasta el punto de que al escribirlos ahora en su forma final he tenido que cuidarme de separar con pinzas mis propias ideas de las que me aportaron los directores durante la escritura de los guiones. Además, la colaboración simultánea con cinco creadores diversos me sugirió otro método para escribir los cuentos: empezaba uno cuando tenía el tiempo libre, lo abandonaba cuando me sentía cansado, o cuando surgía algún proyecto imprevisto, y luego empezaba otro. En poco más de un año, seis de los dieciocho temas se fueron al cesto de los papeles, y entre ellos el de mis funerales, pues nunca logré que fuera una parranda como la del sueño. Los cuentos restantes, en cambio, parecieron tomar aliento para una larga vida.

Ellos son los doce de este libro. En septiembre pasado estaban listos para imprimir después otros dos años de trabajo intermitente. Y así hubiera terminado su incesante peregrinaje de ida y vuelta al cajón de la basura, de no haber sido porque a última hora me mordió una duda final. Puesto que las distintas ciudades de Europa donde ocurren los cuentos las había descrito de memoria y a distancia, quise comprobar la fidelidad de mis recuerdos casi veinte años después, y emprendí un rápido viaje de reconocimiento a Barcelona, Ginebra, Roma y París.

Ninguna de ellas tenía ya nada que ver con mis recuerdos. Todas, como toda la Europa actual, estaban enrarecidas por una inversión asombrosa: los recuerdos reales me parecían fantasmas de la memoria, mientras los recuerdos falsos eran tan convincentes que habían suplantado a la realidad. De modo que me era imposible distinguir la línea divisoria entre la desilusión y la nostalgia. Fue la solución final. Pues por fin había encontrado lo que más me hacía falta para terminar el libro, y que sólo podía dármelo el transcurso de los años: una perspectiva en el tiempo.

A mi regreso de aquel viaje venturoso reescribí todos los cuentos otra vez desde el principio en ocho meses febriles en los que no necesité preguntarme dónde terminaba la vida y dónde empezaba la imaginación, porque me ayudaba la sospecha de que quizás no fuera cierto nada de lo vivido veinte años antes en Europa. La escritura se me hizo entonces tan fluida que a ratos me sentía escribiendo por el puro placer de narrar, que es quizás el estado humano que más se parece a la levitación. Además, trabajando todos los cuentos a la vez y saltando de uno a otro con plena libertad, conseguí una visión panorámica que me salvó del cansancio de los comienzos sucesivos, y me ayudó a cazar redundancias ociosas y contradicciones mortales. Creo haber logrado así el libro de cuentos más próximo al que siempre quise escribir.

Aquí está, listo para ser llevado a la mesa después de tanto andar del timbo al tambo peleando para sobrevivir a las perversidades de la incertidumbre. Todos los cuentos, salvo los dos primeros, fueron terminados al mismo tiempo, y cada uno lleva la fecha en que lo empecé. El orden en que están en esta edición es el que tenían en el cuaderno de notas.

Siempre he creído que toda versión de un cuento es mejor que la anterior. ¿Cómo saber entonces cuál debe ser la última? Es un secreto del oficio que no obedece a las leyes de la inteligencia sino a la magia de los instintos, como sabe la cocinera cuándo está la sopa. De todos modos, por las dudas, no volveré a leerlos, como nunca he vuelto a leer ninguno de mis libros por temor de arrepentirme. El que los lea sabrá qué hacer con ellos. Por fortuna, para estos doce cuentos peregrinos terminar en el cesto de los papeles debe ser como el alivio de volver a casa.

Gabriel García Márquez

Cartagena de Indias, abril, 1992

BUEN VIAJE, SEÑOR PRESIDENTE

Estaba sentado en el escaño de madera bajo las hojas amarillas del parque solitario, contemplando los cisnes polvorientos con las dos manos apoyadas en el pomo de plata del bastón, y pensando en la muerte. Cuando vino a Ginebra por primera vez el lago era sereno y diáfano, y había gaviotas mansas que se acercaban a comer en las manos, y mujeres de alquiler que parecían fantasmas de las seis de la tarde, con volantes de organdí y sombrillas de seda. Ahora la única mujer posible, hasta donde alcanzaba la vista, era una vendedora de flores en el muelle desierto. Le costaba creer que el tiempo hubiera podido hacer semejantes estragos no sólo en su vida sino también en el mundo.

Era un desconocido más en la ciudad de los desconocidos ilustres. Llevaba el vestido azul oscuro con rayas blanca, el chaleco de brocado y el sombrero duro de los magistrados en retiro. Tenía un bigote altivo de mosquetero, el cabello azulado y abundante con ondulaciones románticas, las manos de arpista con la sortija de viudo en el anular izquierdo, y los ojos alegres. Lo único que delataba el estado de su salud era el cansancio de la piel. Y aun así, a los setenta y tres años, seguía siendo de una elegancia principal. Aquella mañana, sin embargo, se sentía a salvo de toda vanidad. Los años de la gloria y el poder habían quedado atrás sin remedio, y ahora sólo permanecían los de la muerte.

Había vuelto a Ginebra después de dos guerras mundiales, en busca de una respuesta terminante para un dolor que los médicos de la Martinica no lograron identificar. Había previsto no más de quince días, pero iban ya seis semanas de exámenes agotadores y resultados inciertos, y todavía no se vislumbraba el final. Buscaban el dolor en el hígado, en el riñón, en el páncreas, en la próstata, donde menos estaba. Hasta aquel jueves indeseable, en que el médico menos notorio de los muchos que lo habían visto lo citó a las nueve de la mañana en el pabellón de neurología.

La oficina parecía una celda de monjes, y el médico era pequeño y lúgubre, y tenía la mano derecha escayolada por una fractura del pulgar. Cuando apagó la luz, apareció en la pantalla la radiografía iluminada de una espina dorsal que él no reconoció como suya hasta que el médico señaló con un puntero, debajo de la cintura, la unión de dos vértebras.

—Su dolor está aquí —le dijo.

Para él no era tan fácil. Su dolor era improbable y escurridizo, y a veces parecía estar en el costillar derecho y a veces en el bajo vientre, y a menudo lo sorprendía con una punzada instantánea en la ingle. El médico lo escuchó en suspenso y con el puntero inmóvil en la pantalla. «Por eso nos despistó durante tanto tiempo», dijo. «Pero ahora sabemos que está aquí». Luego se puso el índice en la sien, y precisó:

—Aunque en estricto rigor, señor presidente, todo dolor está aquí.

Su estilo clínico era tan dramático, que la sentencia final pareció benévola: el presidente tenía que someterse a una operación arriesgada e inevitable. Éste le preguntó cuál era el margen de riesgo, y el viejo doctor lo envolvió en una luz de incertidumbre.

—No podríamos decirlo con certeza —le dijo.

Hasta hacía poco, precisó, los riesgos de accidentes fatales eran grandes, y más aún los de distintas parálisis de diversos grados. Pero con los avances médicos de las dos guerras esos temores eran cosas del pasado.

—Váyase tranquilo —concluyó—. Prepare bien sus cosas, y avísenos. Pero eso sí, no olvide que cuanto antes será mejor.

No era una buena mañana para digerir esa mala noticia, y menos a la intemperie. Había salido muy temprano del hotel, sin abrigo, porque vio un sol radiante por la ventana, y se había ido con sus pasos contados desde el Chemin du Beau Soleil, donde estaba el hospital, hasta el refugio de enamorados furtivos del Parque Inglés. Llevaba allí más de una hora, siempre pensando en la muerte, cuando empezó el otoño. El lago se encrespó como un océano embravecido, y un viento de desorden espantó a las gaviotas y arrasó con las últimas hojas. El presidente se levantó y, en vez de comprársela a la florista, arrancó una margarita de los canteros públicos y se la puso en el ojal de la solapa. La florista lo sorprendió.

—Esas flores no son de Dios, señor —le dijo, disgustada—. Son del ayuntamiento.

Él no le puso atención. Se alejó con trancos ligeros, empuñando el bastón por el centro de la caña, y a veces haciéndolo girar con un donaire un tanto libertino. En el puente del Mont Blanc estaban quitando a toda prisa las banderas de la Confederación enloquecidas por la ventolera, y el surtidor esbelto coronado de espuma se apagó antes de tiempo. El presidente no reconoció su cafetería de siempre sobre el muelle, porque habían quitado el toldo verde de la marquesina y las terrazas floridas del verano acababan de cerrarse. En el salón, las lámparas estaban encendidas a pleno día, y el cuarteto de cuerdas tocaba un Mozart premonitorio. El presidente cogió en el mostrador un periódico de la pila reservada para los clientes, colgó el sombrero y el bastón en la percha, se puso los lentes con armadura de oro para leer en la mesa más apartada, y sólo entonces tomó conciencia de que había llegado el otoño. Empezó a leer por la página internacional, donde encontraba muy de vez en cuando alguna noticia de las Américas, y siguió leyendo de atrás hacia adelante hasta que la mesera le llevó su botella diaria de agua de Evian. Hacía más de treinta años que había renunciado al hábito del café por imposición de sus médicos. Pero había dicho: «Si alguna vez tuviera la certidumbre de que voy a morir, volvería a tomarlo». Quizás la hora había llegado.

—Tráigame también un café —ordenó en un francés perfecto. Y precisó sin reparar en el doble sentido—: A la italiana, como para levantar a un muerto.

Se lo tomó sin azúcar, a sorbos lentos, y después puso la taza bocabajo en el plato para que el sedimento del café, después de tantos años, tuviera tiempo de escribir su destino. El sabor recuperado lo redimió por un instante de su mal pensamiento. Un instante después, como parte del mismo sortilegio, sintió que alguien lo miraba. Entonces pasó la página con un gesto casual, miró por encima de los lentes, y vio al hombre pálido y sin afeitar, con una gorra deportiva y una chaqueta de cordero volteado, que apartó la mirada al instante para no tropezar con la suya.

Su cara le era familiar. Se habían cruzado varias veces en el vestíbulo del hospital, lo había vuelto a ver cualquier día en una motoneta por la Promenade du Lac mientras él contemplaba los cisnes, pero nunca se sintió reconocido. No descartó, sin embargo, que fuera otra de las tantas fantasías persecutorias del exilio.

Terminó el periódico sin prisa, flotando en los chelos suntuosos de Brahms, hasta que el dolor fue más fuerte que la analgesia de la música. Entonces miró el relojito de oro que llevaba colgado de una leontina en el bolsillo del chaleco, y se tomó las dos tabletas calmantes del medio día con el último trago del agua de Evian. Antes de quitarse los lentes descifró su destino en el asiento del café, y sintió un estremecimiento glacial: allí estaba la incertidumbre. Por último pagó la cuenta con una propina estítica, cogió el bastón y el sombrero en la percha, y salió a la calle sin mirar al hombre que lo miraba. Se alejó con su andar festivo, bordeando los canteros de flores despedazadas por el viento, y se creyó liberado del hechizo. Pero de pronto sintió los pasos detrás de los suyos, se detuvo al doblar la esquina, y dio media vuelta. El hombre que lo seguía tuvo que pararse en seco para no tropezar con él, y lo miró sobrecogido, a menos de dos palmos de sus ojos.

—Señor presidente —murmuró.

—Dígale a los que le pagan que no se hagan ilusiones —dijo el presidente, sin perder la sonrisa ni el encanto de la voz—. Mi salud es perfecta.

—Nadie lo sabe mejor que yo —dijo el hombre, abrumado por la carga de dignidad que le cayó encima—. Trabajo en el hospital.

La dicción y la cadencia, y aun su timidez, eran las de un caribe crudo.

—No me dirá que es médico —le dijo el presidente.

—Qué más quisiera yo, señor —dijo el hombre—. Soy chofer de ambulancia.

—Lo siento —dijo el presidente, convencido de su error—. Es un trabajo duro.

—No tanto como el suyo, señor.

Él lo miró sin reservas, se apoyó en el bastón con las dos manos, y le preguntó con un interés real:

—¿De dónde es usted?

—Del Caribe.

—De eso ya me di cuenta —dijo el presidente—. ¿Pero de qué país?

—Del mismo que usted, señor —dijo el hombre, y le tendió la mano—: Mi nombre es Homero Rey.

El presidente lo interrumpió sorprendido, sin soltarle la mano.

—Caray —le dijo—: ¡Qué buen nombre!

Homero se relajó.

—Y es más todavía —dijo—: Homero Rey de la Casa.

Una cuchillada invernal los sorprendió indefensos en mitad de la calle. El presidente se estremeció hasta los huesos y comprendió que no podría caminar sin abrigo las dos cuadras que le faltaban hasta la fonda de pobres donde solía comer.

—¿Ya almorzó? —le preguntó a Homero.

—Nunca almuerzo —dijo Homero—. Como una sola vez por la noche en mi casa.

—Haga una excepción por hoy —le dijo él con todos sus encantos a flor de piel—. Lo invito a almorzar.

Lo tomó del brazo y lo condujo hasta el restaurante de enfrente, con el nombre dorado en la marquesina de lona: *Le Boeuf Couronné*. El interior era estrecho y cálido, y no parecía haber un sitio libre. Homero Rey, sorprendido de que nadie reconociera al presidente, siguió hasta el fondo del salón para pedir ayuda.

—¿Es presidente en ejercicio? —le preguntó el patrón.

—No —dijo Homero—. Derrocado.

El patrón soltó una sonrisa de aprobación.

—Para esos —dijo— tengo siempre una mesa especial.

Los condujo a un lugar apartado en el fondo del salón donde podían charlar a gusto. El presidente se lo agradeció.

—No todos reconocen como usted la dignidad del exilio —dijo.

La especialidad de la casa eran las costillas de buey al carbón. El presidente y su invitado miraron en torno, y vieron en las otras mesas los grandes trozos asados con un borde de grasa tierna. «Es una carne magnífica», murmuró el presidente. «Pero la tengo prohibida.» Fijó en Homero una mirada traviesa, y cambió de tono.

—En realidad, tengo prohibido todo.

—También tiene prohibido el café —dijo Homero—, y sin embargo lo toma.

—¿Se dio cuenta? —dijo el presidente—. Pero hoy fue sólo una excepción en un día excepcional.

La excepción de aquel día no fue sólo con el café. También ordenó una costilla de buey al carbón y una ensalada de legumbres frescas sin más aderezos que un chorro de aceite de olivas. Su invitado pidió lo mismo, más media garrafa de vino tinto.

Mientras esperaban la carne, Homero sacó del bolsillo de la chaqueta una billetera sin dinero y con muchos papeles, y le mostró al presidente una foto descolorida. Él se reconoció en mangas de camisa, con varias libras menos y el cabello y el bigote de un color negro intenso, en medio de un tumulto de jóvenes que se habían empinado para sobresalir. De una sola mirada reconoció el lugar, reconoció los emblemas de una campaña electoral aborrecible, reconoció la fecha ingrata. «¡Qué barbaridad!», murmuró. «Siempre he dicho que uno envejece más rápido en los retratos que en la vida real.» Y devolvió la foto con el gesto de un acto final.

—Lo recuerdo muy bien —dijo—. Fue hace miles de años en la gallera de San Cristóbal de las Casas.

—Es mi pueblo —dijo Homero, y se señaló a sí mismo en el grupo—: Éste soy yo.

El presidente lo reconoció.

—¡Era una criatura!

—Casi —dijo Homero—. Estuve con usted en toda la campaña del sur como dirigente de las brigadas universitarias.

El presidente se anticipó al reproche.

—Yo, por supuesto, ni siquiera me fijaba en usted —dijo.

—Al contrario, era muy gentil con nosotros —dijo Homero—. Pero éramos tantos que no es posible que se acuerde.

—¿Y luego?

—¿Quién lo puede saber más que usted? —dijo Homero—. Después del golpe militar, lo que es un milagro es que los dos estemos aquí, listos para comernos medio buey. No muchos tuvieron la misma suerte.

En ese momento les llevaron los platos. El presidente se puso la servilleta en el cuello, como un babero de niño, y no fue insensible a la callada sorpresa del invitado. «Si no hiciera esto perdería una corbata en cada comida», dijo. Antes de empezar probó la sazón de la carne, la aprobó con un gesto complacido, y volvió al tema.

—Lo que no me explico —dijo— es por qué no se me había acercado antes en vez de seguirme como un sabueso.

Entonces Homero le contó que lo había reconocido desde que lo vio entrar en el hospital por una puerta reservada para casos muy especiales. Era pleno verano, y él llevaba el traje completo de lino blanco de las Antillas, con zapatos combinados en blanco y negro, la margarita en el ojal, y la hermosa cabellera alborotada por el viento. Homero averiguó que estaba solo en Ginebra, sin ayuda de nadie, pues conocía de memoria la ciudad donde había terminado sus estudios de leyes. La dirección del hospital, a solicitud suya, tomó las determinaciones internas para asegurar el incógnito absoluto. Esa misma noche, Homero se concertó con su mujer para hacer contacto con él. Sin embargo, lo había seguido durante cinco semanas buscando una ocasión propicia, y quizás no habría sido capaz de saludarlo si él no lo hubiera enfrentado.

—Me alegro que lo haya hecho —dijo el presidente—, aunque la verdad es que no me molesta para nada estar solo.

—No es justo.

—¿Por qué? —preguntó el presidente con sinceridad—. La mayor victoria de mi vida ha sido lograr que me olviden.

—Nos acordamos de usted más de lo que usted se imagina —dijo Homero sin disimular su emoción—. Es una alegría verlo así, sano y joven.

—Sin embargo —dijo él sin dramatismo—, todo indica que moriré muy pronto.

—Sus probabilidades de salir bien son muy altas —dijo Homero.

El presidente dio un salto de sorpresa, pero no perdió la gracia.

—¡Ah caray! —exclamó—. ¿Es que en la bella Suiza se abolió el sigilo médico?

—En ningún hospital del mundo hay secretos para un chofer de ambulancias —dijo Homero.

—Pues lo que yo sé lo he sabido hace apenas dos horas y por boca del único que debía saberlo.

—En todo caso, usted no moriría en vano —dijo Homero—. Alguien lo pondrá en el lugar que le corresponde como un gran ejemplo de dignidad.

El presidente fingió un asombro cómico.

—Gracias por prevenirme —dijo.

Comía como hacía todo: despacio y con una gran pulcritud. Mientras tanto miraba a Homero directo a los ojos, de modo que éste tenía la impresión de ver lo que él pensaba. Al cabo de una larga conversación de evocaciones nostálgicas, hizo una sonrisa maligna.

—Había decidido no preocuparme por mi cadáver, —dijo—, pero ahora veo que debo tomar ciertas precauciones de novela policíaca para que nadie lo encuentre.

—Será inútil —bromeó Homero a su vez—. En el hospital no hay misterios que duren más de una hora.

Cuando terminaron con el café, el presidente leyó el fondo de su taza, y volvió a estremecerse: el mensaje era el mismo. Sin embargo, su expresión no se alteró. Pagó la cuenta en efectivo, pero antes verificó la suma varias veces, contó varias veces el dinero con un cuidado excesivo, y dejó una propina que sólo mereció un gruñido del mesero.

—Ha sido un placer —concluyó, al despedirse de Homero—. No tengo fecha para la operación, y ni siquiera he decidido si voy a someterme o no. Pero si todo sale bien volveremos a vernos.

—¿Y por qué no antes? —dijo Homero—. Lázara, mi mujer, es cocinera de ricos. Nadie prepara el arroz con camarones mejor que ella, y nos gustaría tenerlo en casa una noche de estas.

—Tengo prohibidos los mariscos, pero los comeré con mucho gusto —dijo él—. Dígame cuándo.

—El jueves es mi día libre —dijo Homero.

—Perfecto —dijo el presidente—. El jueves a las siete de la noche estoy en su casa. Será un placer.

—Yo pasaré a recogerlo —dijo Homero—. Hotelerie

Dames, 14 rue de l'Industrie. Detrás de la estación. ¿Es correcto?

—Correcto —dijo el presidente, y se levantó más encantador que nunca—. Por lo visto, sabe hasta el número que calzo.

—Claro, señor —dijo Homero, divertido—: cuarenta y uno.

Lo que Homero Rey no le contó al presidente, pero se lo siguió contando durante años a todo el que quiso oírlo, fue que su propósito inicial no era tan inocente. Como otros choferes de ambulancia, tenía arreglos con empresas funerarias y compañías de seguros para vender servicios dentro del mismo hospital, sobre todo a pacientes extranjeros de escasos recursos. Eran ganancias mínimas, y además había que repartirlas con otros empleados que se pasaban de mano en mano los informes secretos sobre los enfermos graves. Pero era un buen consuelo para un desterrado sin porvenir que subsistía a duras penas con su mujer y sus dos hijos con un sueldo ridículo.

Lázara Davis, su mujer, fue más realista. Era una mulata fina de San Juan de Puerto Rico, menuda y maciza, del color del caramelo en reposo y con unos ojos de perra brava que le iban muy bien a su modo de ser. Se habían conocido en los servicios de caridad del hospital, donde ella trabajaba como ayudante de todo después que un rentista de su país, que la había llevado como niñera, la dejó al garete en Ginebra. Se habían casado por el rito católico, aunque ella era princesa yoruba, y vivían en una sala y dos dormitorios en el octavo piso sin ascensor de un edificio de emigrantes africanos. Tenían una niña de nueve años, Bárbara, y un niño de siete, Lázaro, con algunos índices menores de retraso mental.

Lázara Davis era inteligente y de mal carácter, pero de entrañas tiernas. Se consideraba a sí misma como una Tauro pura, y tenía una fe ciega en sus augurios astrales. Sin embargo, nunca pudo cumplir el sueño de ganarse la vida como astróloga de millonarios. En cambio, aportaba a la casa recursos ocasionales, y a veces importantes, preparando cenas para señoras ricas que se lucían con sus invitados haciéndoles creer que eran ellas las que cocinaban los excitantes platos antillanos. Homero, por su parte, era tímido de solemnidad, y no daba para más de lo poco que hacía, pero Lázara no concebía la vida sin él por la inocencia de su corazón y el calibre de su arma. Les había ido bien, pero los años venían cada vez más duros y los niños crecían. Por los tiempos en que llegó el presidente habían empezado a picotear sus ahorros de cinco años. De modo que cuando Homero Rey lo descubrió entre los enfermos incógnitos del hospital, se les fue la mano en las ilusiones.

No sabían a ciencia cierta qué le iban a pedir, ni con qué derecho. En el primer momento habían pensado venderle el funeral completo, incluidos el embalsamamiento y la repatriación. Pero poco a poco, se fueron dando cuenta de que la muerte no parecía tan inminente como al principio. El día del almuerzo estaban ya aturdidos por las dudas.

La verdad es que Homero no había sido dirigente de

brigadas universitarias, ni nada parecido, y la única vez que participó en la campaña electoral fue cuando tomaron la foto que habían logrado encontrar por milagro traspapelada en el ropero. Pero su fervor era cierto. Era cierto también que había tenido que huir del país por su participación en la resistencia callejera contra el golpe militar, aunque la única razón para seguir viviendo en Ginebra después de tantos años era su pobreza de espíritu. Así que una mentira de más o de menos no debía ser un obstáculo para ganarse el favor del presidente.

La primera sorpresa de ambos fue que el desterrado ilustre viviera en un hotel de cuarta categoría en el barrio triste de la Grotte, entre emigrantes asiáticos y mariposas de la noche, y que comiera solo en fondas de pobres, cuando Ginebra estaba llena de residencias dignas para políticos en desgracia. Homero lo había visto repetir día tras día los actos de aquel día. Lo había acompañado de vista, y a veces a una distancia menos que prudente, en sus paseos nocturnos por entre los muros lúgubres y los colgajos de campánulas amarillas de la ciudad vieja. Lo había visto absorto durante horas frente a la estatua de Calvino. Había subido tras él paso a paso la escalinata de piedra, sofocado por el perfume ardiente de los jazmines, para contemplar los lentos atardeceres del verano desde la cima del Bourg-le-Four. Una noche lo vio bajo la primera llovizna, sin abrigo ni paraguas, haciendo la cola con los estudiantes para un concierto de Rubinstein. «No sé cómo no le ha dado una pulmonía», le dijo después a su mujer. El sábado anterior, cuando el tiempo empezó a cambiar, lo había visto comprando un abrigo de otoño con un cuello de visones falsos, pero no en las tiendas luminosas de la rue du Rhône, donde compraban los emires fugitivos, sino en el Mercado de las Pulgas.

—¡Entonces no hay nada que hacer! —exclamó Lázara cuando Homero se lo contó—. Es un avaro de mierda, capaz de hacerse enterrar por la beneficencia en la fosa común. Nunca le sacaremos nada.

—A lo mejor es pobre de verdad —dijo Homero—, después de tantos años sin empleo.

—Ay, negro, una cosa es ser Piscis con ascendente Piscis y otra cosa es ser pendejo —dijo Lázara—. Todo el mundo sabe que se alzó con el oro del gobierno y que es el exiliado más rico de la Martinica.

Homero, que era diez años mayor, había crecido impresionado con la noticia de que el presidente estudió en Ginebra, trabajando como obrero de la construcción. En cambio Lázara se había criado entre los escándalos de la prensa enemiga, magnificados en una casa de enemigos, donde fue niñera desde niña. Así que la noche en que Homero llegó ahogándose de júbilo porque había almorzado con el presidente, a ella no le valió el argumento de que lo había invitado a un restaurante caro. Le molestó que Homero no le hubiera pedido nada de lo mucho que habían soñado, desde becas para los niños hasta un empleo mejor en el hospital. Le pareció una confirmación de sus sospechas la decisión de que le echaran el cadáver a los buitres en vez de gastarse sus francos en un entierro digno y una repatriación gloriosa. Pero lo que rebosó el vaso fue la noticia que Homero se reservó para el final, de que había invitado al presidente a comer arroz de camarones el jueves en la noche.

—No más eso nos faltaba —gritó Lázara—, que se nos muera aquí, envenenado con camarones de lata, y tengamos que enterrarlo con los ahorros de los niños.

Lo que al final determinó su conducta fue el peso de su lealtad conyugal. Tuvo que pedir prestado a una vecina tres juegos de cubiertos de alpaca y una ensaladera de cristal, a otra una cafetera eléctrica, a otra un mantel bordado y una vajilla china para el café. Cambió las cortinas viejas por las nuevas, que sólo usaban en los días de fiesta, y les quitó el forro a los muebles. Pasó un día entero fregando los pisos, sacudiendo el polvo, cambiando las cosas de lugar, hasta que logró lo contrario de lo que más le hubiera convenido, que era conmover al invitado con el decoro de la pobreza.

El jueves en la noche, después que se repuso del ahogo de los ocho pisos, el presidente apareció en la puerta con el nuevo abrigo viejo y el sombrero melón de otro tiempo, y con una sola rosa para Lázara. Ella se impresionó con su hermosura viril y sus maneras de príncipe, pero más allá de todo eso lo vio como esperaba verlo: falso y rapaz. Le pareció impertinente, porque ella había cocinado con las ventanas abiertas para evitar que el vapor de los camarones impregnara la casa, y lo primero que hizo él al entrar fue aspirar a fondo, como en un éxtasis súbito, y exclamó con los ojos cerrados y los brazos abiertos: «¡Ah, el olor de nuestro mar!» Le pareció más tacaño que nunca por llevarle una sola rosa, robada sin duda en los jardines públicos. Le pareció insolente, por el desdén con que miró los recortes de periódicos sobre sus glorias presidenciales, y los gallardetes y banderines de la campaña, que Homero había clavado con tanto candor en la pared de la sala. Le pareció duro de corazón, porque no saludó siquiera a Bárbara y a Lázaro, que le tenían un regalo hecho por ellos, y en el curso de la cena se refirió a dos cosas que no podía soportar: los perros y los niños. Lo odió. Sin embargo, su sentido caribe de la hospitalidad se impuso sobre sus prejuicios. Se había puesto la bata africana de sus noches de fiesta y sus collares y pulseras de santería, y no hizo durante la cena un solo gesto ni dijo una palabra de sobra. Fue más que irreprochable: perfecta.

La verdad era que el arroz de camarones no estaba entre las virtudes de su cocina, pero lo hizo con los mejores deseos, y le quedó muy bien. El presidente se sirvió dos veces sin medirse en los elogios, y le encantaron las tajadas fritas de plátano maduro y la ensalada de aguacate, aunque no compartió las nostalgias. Lázara se conformó con escuchar hasta los postres, cuando Homero se atascó sin que viniera a cuento en el callejón sin salida de la existencia de Dios.

—Yo sí creo que existe —dijo el presidente—, pero que no tiene nada que ver con los seres humanos. Anda en cosas mucho más grandes.

—Yo sólo creo en los astros —dijo Lázara, y escrutó la reacción del presidente—. ¿Qué día nació usted?

—Once de marzo.

—Tenía que ser —dijo Lázara, con un sobresalto triunfal, y preguntó de buen tono—: ¿No serán demasiado dos Piscis en una misma mesa?

Los hombres seguían hablando de Dios cuando ella se fue a la cocina a preparar el café. Había recogido los trastos de la comida y ansiaba con toda su alma que la noche terminara bien. De regreso a la sala con el café le salió al encuentro una frase suelta del presidente que la dejó atónita:

—No lo dude, mi querido amigo: lo peor que pudo pasarle a nuestro pobre país es que yo fuera presidente.

Homero vio a Lázara en la puerta con las tazas chinas y la cafetera prestada, y creyó que se iba a desmayar. También el presidente se fijó en ella. «No me mire así, señora», le dijo de buen tono. «Estoy hablando con el corazón.» Y luego, volviéndose a Homero, terminó:

—Menos mal que estoy pagando cara mi insensatez.

Lázara sirvió el café, apagó la lámpara cenital de la mesa cuya luz inclemente estorbaba para conversar, y la sala quedó en una penumbra íntima. Por primera vez se interesó en el invitado, cuya gracia no alcanzaba a disimular su tristeza. La curiosidad de Lázara aumentó cuando él terminó el café y puso la taza bocabajo en el plato para que reposara el asiento.

El presidente les contó en la sobremesa que había escogido la isla de Martinica para su destierro, por la amistad con el poeta Aimé Césaire, que por aquel entonces acababa de publicar su *Cahier d'un retour au pays natal*, y le prestó ayuda para iniciar una nueva vida. Con lo que les quedaba de la herencia de la esposa compraron una casa de maderas nobles en las colinas de Fort de France, con alambreras en las ventanas y una terraza de mar llena de flores primitivas, donde era un gozo dormir con el alboroto de los grillos y la brisa de melaza y ron de caña de los trapiches. Se quedó allí con la esposa, catorce años mayor que él y enferma desde su parto único, atrincherado contra el destino en la relectura viciosa de sus clásicos latinos, en latín, y con la convicción de que aquél era el acto final de su vida. Durante años tuvo que resistir las tentaciones de toda clase de aventuras que le proponían sus partidarios derrotados.

—Pero nunca volví a abrir una carta —dijo—. Nunca, desde que descubrí que hasta las más urgentes eran menos urgentes una semana después, y que a los dos meses no se acordaba de ellas ni el que las había escrito.

Miró a Lázara a media luz cuando encendió un cigarrillo, y se lo quitó con un movimiento ávido de los dedos. Le dio una chupada profunda, y retuvo el humo en la garganta. Lázara, sorprendida, cogió la cajetilla y los fósforos para encender otro, pero él le devolvió el cigarrillo encendido. «Fuma usted con tanto gusto que no pude resistir la tentación», le dijo él. Pero tuvo que soltar el humo porque sufrió un principio de tos.

—Abandoné el vicio hace muchos años, pero él no me abandonó a mí por completo —dijo—. Algunas veces ha logrado vencerme. Como ahora.

La tos le dio dos sacudidas más. Volvió el dolor. El presidente miró la hora en el relojito de bolsillo, y tomó las dos tabletas de la noche. Luego escrutó el fondo de la taza: no había cambiado nada, pero esta vez no se estremeció.

—Algunos de mis antiguos partidarios han sido presidentes después que yo —dijo.

—Sáyago —dijo Homero.

—Sáyago y otros —dijo él—. Todos como yo: usurpando un honor que no merecíamos con un oficio que no sabíamos hacer. Algunos persiguen sólo el poder, pero la mayoría busca todavía menos: el empleo.

Lázara se encrespó.

—¿Usted sabe lo que dicen de usted? —le preguntó.

Homero, alarmado, intervino:

—Son mentiras.

—Son mentiras y no lo son —dijo el presidente con una calma celestial—. Tratándose de un presidente, las peores ignominias pueden ser las dos cosas al mismo tiempo: verdad y mentira.

Había vivido en la Martinica todos los días del exilio, sin más contactos con el exterior que las pocas noticias del periódico oficial, sosteniéndose con clases de español y latín en un liceo oficial y con las traducciones que a veces le encargaba Aimé Césaire. El calor era insoportable en agosto, y él se quedaba en la hamaca hasta el medio día, leyendo al arrullo del ventilador de aspas del dormitorio. Su mujer se ocupaba de los pájaros que criaba en libertad, aun en las horas de más calor, protegiéndose del sol con un sombrero de paja de alas grandes, adornado de frutillas artificiales y flores de organdí. Pero cuando bajaba el calor era bueno tomar el fresco en la terraza, él con la vista fija en el mar hasta que se hundía en las tinieblas, y ella en su mecedor de mimbre, con el sombrero roto y las sortijas de fantasía en todos los dedos, viendo pasar los buques del mundo. «Ese va para Puerto Santo», decía ella. «Ese casi no puede andar con la carga de guineos de Puerto Santo», decía. Pues no le parecía posible que pasara un buque que no fuera de su tierra. Él se hacía el sordo, aunque al final ella logró olvidar mejor que él, porque se quedó sin memoria. Permanecían así hasta que terminaban los crepúsculos fragorosos, y tenían que refugiarse en la casa derrotados por los zancudos. Uno de esos tantos agostos, mientras leía el periódico en la terraza, el presidente dio un salto de asombro.

—¡Ah, caray! —dijo—. ¡He muerto en Estoril!

Su esposa, levitando en el sopor, se espantó con la noticia. Eran seis líneas en la página quinta del periódico que se imprimía a la vuelta de la esquina, en el cual se publicaban sus traducciones ocasionales, y cuyo director pasaba a visitarlo de vez en cuando. Y ahora decía que había muerto en Estoril de Lisboa, balneario y guarida de la decadencia europea, donde nunca había estado, y tal vez el único lugar del mundo donde no hubiera querido morir. La esposa murió de veras un año después, atormentada por el último recuerdo que le quedaba para aquel instante: el del único hijo, que había participado en el derrocamiento de su padre, y fue fusilado más tarde por sus propios cómplices.

El presidente suspiró. «Así somos, y nada podrá redimirnos», dijo. «Un continente concebido por las heces del mundo entero sin un instante de amor: hijos de raptos, de violaciones, de tratos infames, de engaños, de enemigos con enemigos.» Se enfrentó a los ojos africanos de Lázara, que lo escudriñaban sin piedad, y trató de amansarla con su labia de viejo maestro.

—La palabra mestizaje significa mezclar las lágrimas con la sangre que corre. ¿Qué puede esperarse de semejante brebaje?

Lázara lo clavó en su sitio con un silencio de muerte. Pero logró sobreponerse, poco antes de la media noche, y lo despidió con un beso formal. El presidente se opuso a que Homero lo acompañara al hotel, pero no pudo impedir que lo ayudara a conseguir un taxi. De regreso a casa, Homero encontró a su mujer descompuesta de furia.

—Ese es el presidente mejor tumbado del mundo —dijo ella—. Un tremendo hijo de puta.

A pesar de los esfuerzos que hizo Homero por tranquilizarla, pasaron en vela una noche terrible. Lázara reconocía que era uno de los hombres más bellos que había visto, con un poder de seducción devastadora y una virilidad de semental. «Así como está, viejo y jodido, debe ser todavía un tigre en la cama», dijo. Pero creía que esos dones de Dios los había malbaratado al servicio de la simulación. No podía soportar sus alardes de haber sido el peor presidente de su país. Ni sus ínfulas de asceta, si estaba convencida de que era dueño de la mitad de los ingenios de la Martinica. Ni la hipocresía de su desdén por el poder, si era evidente que lo daría todo por volver un minuto a la presidencia para hacerles morder el polvo a sus enemigos.

—Y todo eso —concluyó—, sólo por tenernos rendidos a sus pies.

—¿Qué puede ganar con eso? —dijo Homero.

—Nada —dijo ella—. Lo que pasa es que la coquetería es un vicio que no se sacia con nada.

Era tanta su furia, que Homero no pudo soportarla en la cama, y se fue a terminar la noche envuelto con una manta en el diván de la sala. Lázara se levantó también en la madrugada, desnuda de cuerpo entero, como solía dormir y estar en casa, y hablando consigo misma en un monólogo de una sola cuerda. En un momento borró de la memoria de la humanidad todo rastro de la cena indeseable. Devolvió al amanecer las cosas prestadas, cambió las cortinas nuevas por las viejas y puso los muebles en su lugar, hasta que la casa volvió a ser tan pobre y decente como había sido hasta la noche anterior. Por último arrancó los recortes de prensa, los retratos, los banderines y gallardetes de la campaña abominable, y tiró todo en el cajón de la basura con un gritó final.

—¡Al carajo!

Una semana después de la cena, Homero encontró al presidente esperándolo a la salida del hospital, con la súplica de que lo acompañara a su hotel. Subieron los tres pisos empinados hasta una mansarda con una sola claraboya que daba a un cielo de ceniza, y atravesada por una cuerda con ropa puesta a secar. Había además una cama matrimonial que ocupaba la mitad del espacio, una silla simple, un aguamanil y un bidé portátil, y un ropero de pobres con el espejo nublado. El presidente notó la impresión de Homero.

—Es el mismo cubil donde viví mis años de estudiante —le dijo, como excusándose—. Lo reservé desde Fort de France.

Sacó de una bolsa de terciopelo y desplegó sobre la cama el saldo final de sus recursos: varias pulseras de oro con distintos adornos de piedras preciosas, un collar de perlas de tres vueltas y otros dos de oro y piedras preciosas; tres cadenas de oro con medallas de santos y un par de aretes de oro con esmeraldas, otro con diamantes y otro con rubíes; dos relicarios y un guardapelos, once sortijas con toda clase de monturas preciosas y una diadema de brillantes que pudo haber sido de una reina. Luego sacó de un estuche distinto tres pares de mancornas de plata y dos de oro con sus correspondientes pisacorbatas, y un reloj de bolsillo enchapado en oro blanco. Por último sacó de una caja de zapatos sus seis condecoraciones: dos de oro, una de plata, y el resto, chatarra pura.

—Es todo lo que me queda en la vida —dijo.

No tenía más alternativas que venderlo todo para completar los gastos médicos, y deseaba que Homero le hiciera el favor con el mayor sigilo. Sin embargo Homero no se sintió capaz de complacerlo mientras no tuviera las facturas en regla.

El presidente le explicó que eran las prendas de su esposa heredadas de una abuela colonial que a su vez había heredado un paquete de acciones en minas de oro en Colombia. El reloj, las mancuernas y los pisacorbatas eran suyos. Las condecoraciones, por supuesto, no fueron antes de nadie.

—No creo que alguien tenga facturas de cosas así —dijo.

Homero fue inflexible.

—En ese caso —reflexionó el presidente—, no me quedará más remedio que dar la cara.

Empezó a recoger las joyas con una calma calculada. «Le ruego que me perdone, mi querido Homero, pero es que no hay peor pobreza que la de un presidente pobre», le dijo. «Hasta sobrevivir parece indigno.» En ese instante, Homero lo vio con el corazón, y le rindió sus armas.

Aquella noche, Lázara regresó tarde a casa. Desde la puerta vio las joyas radiantes bajo la luz mercurial del comedor, y fue como si hubiera visto un alacrán en su cama.

—No seas bruto, negro —dijo, asustada—. ¿Por qué están aquí esas cosas?

La explicación de Homero la inquietó todavía más. Se sentó a examinar las joyas, una por una, con una meticulosidad de orfebre. A un cierto momento suspiró: «Debe ser una fortuna». Por último se quedó mirando a Homero sin encontrar una salida para su ofuscación.

—Carajo —dijo—. ¿Cómo hace uno para saber si todo lo que ese hombre dice es verdad?

—¿Y por qué no? —dijo Homero—. Acabo de ver que él mismo lava su ropa, y la seca en el cuarto igual que nosotros, colgada en un alambre.

—Por tacaño —dijo Lázara.

—O por pobre —dijo Homero.

Lázara volvió a examinar las joyas, pero ahora con menos atención, porque también ella estaba vencida. Así que la mañana siguiente se vistió con lo mejor que tenía, se aderezó con las joyas que le parecieron más caras, se puso cuantas sortijas pudo en cada dedo, hasta en el pulgar, y cuantas pulseras pudo ponerse en cada brazo, y se fue a venderlas. «A ver quién le pide facturas a Lázara Davis», dijo al salir, pavoneándose de risa. Escogió la joyería exacta, con más ínfulas que prestigio, donde sabía que se vendía y se compraba sin demasiadas preguntas, y entró aterrorizada pero pisando firme.

Un vendedor vestido de etiqueta, enjuto y pálido, le hizo una venia teatral al besarle la mano, y se puso a sus órdenes. El interior era más claro que el día, por los espejos y las luces intensas, y la tienda entera parecía de diamante. Lázara, sin mirar apenas al empleado por temor de que se le notara la farsa, siguió hasta el fondo.

El empleado la invitó a sentarse ante uno de los tres escritorios Luis XV que servían de mostradores individuales, y extendió encima un pañuelo inmaculado. Luego se sentó frente a Lázara, y esperó.

—¿En qué puedo servirle?

Ella se quitó las sortijas, las pulseras, los collares, los aretes, todo lo que llevaba a la vista, y fue poniéndolos sobre el escritorio en un orden de ajedrez. Lo único que quería, dijo, era conocer su verdadero valor.

El joyero se puso el monóculo en el ojo izquierdo, y empezó a examinar las alhajas con un silencio clínico. Al cabo de un largo rato, sin interrumpir el examen, preguntó:

—¿De dónde es usted?

Lázara no había previsto esa pregunta.

—Ay, mi señor —suspiró—. De muy lejos.

—Me lo imagino —dijo él.

Volvió al silencio, mientras Lázara lo escudriñaba sin misericordia con sus terribles ojos de oro. El joyero le consagró una atención especial a la diadema de diamantes, y la puso aparte de las otras joyas. Lázara suspiró.

—Es usted un Virgo perfecto —dijo.

El joyero no interrumpió el examen.

—¿Cómo lo sabe?

—Por el modo de ser —dijo Lázara.

Él no hizo ningún comentario hasta que terminó, y se dirigió a ella con la misma parsimonia del principio.

—¿De dónde viene todo esto?

—Herencia de una abuela —dijo Lázara con voz tensa—. Murió el año pasado en Paramáribio a los noventa y siete años.

El joyero la miró entonces a los ojos. «Lo siento mucho», le dijo. «Pero el único valor de estas cosas es lo que pese el oro.» Cogió la diadema con la punta de los dedos y la hizo brillar bajo la luz deslumbrante.

—Salvo esta —dijo—. Es muy antigua, egipcia tal vez, y sería invaluable si no fuera por el mal estado de los brillantes. Pero de todos modos tiene un cierto valor histórico.

En cambio, las piedras de las otras alhajas, las amatistas, las esmeraldas, los rubíes, los ópalos, todas, sin excepción, eran falsas. «Sin duda las originales fueron buenas», dijo el joyero, mientras recogía las prendas para devolverlas. «Pero de tanto pasar de una generación a otra se han ido quedando en el camino las piedras legítimas, reemplazadas por culos de botella.» Lázara sintió una náusea verde, respiró hondo y dominó el pánico. El vendedor la consoló:

—Ocurre a menudo, señora.

—Ya lo sé —dijo Lázara, aliviada—. Por eso quiero salir de ellas.

Entonces sintió que estaba más allá de la farsa, y volvió a ser ella misma. Sin más vueltas sacó del bolso las mancuernas, el reloj de bolsillo, los pisacorbatas, las condecoraciones de oro y plata, y el resto de baratijas personales del presidente, y puso todo sobre la mesa.

—¿También esto? —preguntó el joyero.

—Todo —dijo Lázara.

Los francos suizos con que le pagaron eran tan nuevos que temió mancharse los dedos con la tinta fresca. Los recibió sin contarlos, y el joyero la despidió en la puerta con la misma ceremonia del saludo. Ya de salida, sosteniendo la puerta de cristal para cederle el paso, la demoró un instante.

—Y una última cosa, señora —le dijo—: soy Acuario.

A la prima noche Homero y Lázara llevaron el dinero al hotel. Hechas otra vez las cuentas, faltaba un poco más. De modo que el presidente se quitó y fue poniendo sobre la cama el anillo matrimonial, el reloj con la leontina y las mancuernas y el pisacorbatas que estaba usando.

Lázara le devolvió el anillo.

—Esto no —le dijo—. Un recuerdo así no se puede vender.

El presidente lo admitió y volvió a ponerse el anillo. Lázara le devolvió así mismo el reloj del chaleco. «Esto tampoco», dijo. El presidente no estuvo de acuerdo pero ella lo puso en su lugar.

—¿A quién se le ocurre vender relojes en Suiza?

—Ya vendimos uno —dijo el presidente.

—Sí, pero no por el reloj sino por el oro.

—También este es de oro —dijo el presidente.

—Sí —dijo Lázara—. Pero usted puede hasta quedarse sin operar, pero no sin saber qué hora es.

Tampoco le aceptó la montura de oro de los lentes, aunque él tenía otro par de carey. Sopesó las prendas que tenía en la mano, y puso término a las dudas.

—Además —dijo—. Con esto alcanza.

Antes de salir, descolgó la ropa mojada, sin consultárselo, y se la llevó para secarla y plancharla en la casa. Se fueron en la motoneta, Homero conduciendo y Lázara en la parrilla, abrazada a su cintura. Las luces públicas acababan de encenderse en la tarde malva. El viento había arrancado las últimas hojas, y los árboles parecían fósiles desplumados. Un remolcador descendía por el Ródano con un radio a todo volumen que iba dejando por las calles un reguero de música. Georges Brassens cantaba: *Mon amour tiens bien la barre, le temps va passer par là, et le temps est un barbare dans le genre d'Attila, par là où son cheval passe l'amour ne repousse pas.* Homero y Lázara corrían en silencio embriagados por la canción y el olor memorable de los jacintos. Al cabo de un rato, ella pareció despertar de un largo sueño.

—Carajo —dijo.

—¿Qué?

—El pobre viejo —dijo Lázara—. ¡Qué vida de mierda!

El viernes siguiente, 7 de octubre, el presidente fue operado en una sesión de cinco horas que por el momento dejó las cosas tan oscuras como estaban. En rigor, el único consuelo era saber que estaba vivo. Al cabo de diez días lo pasaron a un cuarto compartido con otros enfermos, y pudieron visitarlo. Era otro: desorientado y macilento, y con un cabello ralo que se le desprendía con el solo roce de la almohada. De su antigua prestancia sólo le quedaba la fluidez de las manos. Su primer intento de caminar con dos bastones ortopédicos fue descorazonador. Lázara se quedaba a dormir a su lado para ahorrarle el gasto de una enfermera nocturna. Uno de los enfermos del cuarto pasó la primera noche gritando por el pánico de la muerte. Aquellas veladas interminables acabaron con las últimas reticencias de Lázara.

A los cuatro meses de haber llegado a Ginebra, le dieron de alta. Homero, administrador meticuloso de sus fondos exiguos, pagó las cuentas del hospital y se lo llevó en su ambulancia con otros empleados que ayudaron a subirlo al octavo piso. Se instaló en la alcoba de los niños, a quienes nunca acabó de reconocer, y poco a poco volvió a la realidad. Se empeñó en los ejercicios de rehabilitación con un rigor militar, y volvió a caminar con su solo bastón. Pero aun vestido con la buena ropa de antaño estaba muy lejos de ser el mismo, tanto por su aspecto como por el modo de ser. Temeroso del invierno que se anunciaba muy severo, y que en realidad fue el más crudo de lo que iba del siglo, decidió regresar en un barco que zarpaba de Marsella el 13 de diciembre, contra el criterio de los médicos que querían vigilarlo un poco más. A última hora el dinero no alcanzó para tanto, y Lázara quiso completarlo a escondidas de su marido con un rasguño más en los ahorros de los hijos, pero también allí encontró menos de lo que suponía. Entonces Homero le confesó que lo había cogido a escondidas de ella para completar la cuenta del hospital.

—Bueno —se resignó Lázara—. Digamos que era el hijo mayor.

El 11 de diciembre lo embarcaron en el tren de Marsella bajo una fuerte tormenta de nieve, y sólo cuando volvieron a casa encontraron una carta de despedida en la mesa de noche de los niños. Allí mismo dejó su anillo de bodas para Bárbara, junto con el de la esposa muerta, que nunca trató de vender, y el reloj de leontina para Lázaro. Como era domingo, algunos vecinos caribes que descubrieron el secreto habían acudido a la estación de Cornavin con un conjunto de arpas de Veracruz. El presidente estaba sin aliento, con el abrigo de perdulario y una larga bufanda de colores que había sido de Lázara, pero aun así permaneció en el pescante del último vagón despidiéndose con el sombrero bajo el azote del vendaval. El tren empezaba a acelerar cuando Homero cayó en la cuenta de que se había quedado con el bastón. Corrió hasta el extremo del andén y lo lanzó con bastante fuerza para que el presidente lo atrapara en el aire, pero cayó entre las ruedas y quedó destrozado. Fue un instante de terror. Lo último que vio Lázara fue la mano trémula estirada para atrapar el bastón que nunca alcanzó, y el guardián del tren que logró agarrar por la bufanda al anciano cubierto de nieve, y lo salvó en el vacío. Lázara corrió despavorida al encuentro del marido tratando de reír detrás de las lágrimas.

—Dios mío —le gritó—, ese hombre no se muere con nada.

Llegó sano y salvo, según anunció en su extenso telegrama de gratitud. No se volvió a saber nada de él en más de un año. Por fin llegó una carta de seis hojas manuscritas en la que ya era imposible reconocerlo. El dolor había vuelto, tan intenso y puntual como antes, pero él decidió no hacerle caso y dedicarse a vivir la vida como viniera. El poeta Aimé Césaire le había regalado otro bastón con incrustaciones de nácar, pero había resuelto no usarlo. Hacía seis meses que comía carne con regularidad, y toda clase de mariscos, y era capaz de beberse hasta veinte tazas diarias de café cerrero. Pero ya no leía el fondo de la taza porque sus pronósticos le resultaban al revés. El día que cumplió los setenta y cinco años se había tomado unas copitas del exquisito ron de la Martinica, que le sentaron muy bien, y volvió a fumar. No se sentía mejor, por supuesto, pero tampoco peor. Sin embargo, el motivo real de la carta era comunicarles que se sentía tentado de volver a su país para ponerse al frente de un movimiento renovador, por una causa justa y una patria digna, aunque sólo fuera por la gloria mezquina de no morirse de viejo en su cama. En ese sentido, concluía la carta, el viaje a Ginebra había sido providencial.

Junio 1979.

La santa

VEINTIDÓS AÑOS después volví a ver a Margarito Duarte. Apareció de pronto en una de las callecitas secretas del Trastévere, y me costó trabajo reconocerlo a primera vista por su castellano difícil y su buen talante de romano antiguo. Tenía el cabello blanco y escaso, y no le quedaban rastros de la conducta lúgubre y las ropas funerarias de letrado andino con que había venido a Roma por primera vez, pero en el curso de la conversación fui rescatándolo poco a poco de las perfidias de sus años y volví a verlo como era: sigiloso, imprevisible, y de una tenacidad de picapedrero. Antes de la segunda taza de café en uno de nuestros bares de otros tiempos, me atreví a hacerle la pregunta que me carcomía por dentro.

—¿Qué pasó con la santa?

—Ahí está la santa —me contestó—. Esperando.

Sólo el tenor Rafael Ribero Silva y yo podíamos entender la tremenda carga humana de su respuesta. Conocíamos tanto su drama, que durante años pensé que Margarito Duarte era el personaje en busca de autor que los novelistas esperamos durante toda una vida, y si nunca dejé que me encontrara fue porque el final de su historia me parecía inimaginable.

Había venido a Roma en aquella primavera radiante en que Pío XII padecía una crisis de hipo que ni las buenas ni las malas artes de médicos y hechiceros habían logrado remediar. Salía por primera vez de su escarpada aldea del Tolima, en los Andes colombianos, y se le notaba hasta en el modo de dormir. Se presentó una mañana en nuestro consulado con la maleta de pino lustrado que por la forma y el tamaño parecía el estuche de un violonchelo, y le planteó al cónsul el motivo sorprendente de su viaje. El cónsul llamó entonces por teléfono al tenor Rafael Ribero Silva, su compatriota, para que le consiguiera un cuarto en la pensión donde ambos vivíamos. Así lo conocí.

Margarito Duarte no había pasado de la escuela primaria, pero su vocación por las bellas letras le había permitido una formación más amplia con la lectura apasionada de cuanto material impreso encontraba a su alcance. A los dieciocho años, siendo el escribano del municipio, se casó con una bella muchacha que murió poco después en el parto de la primera hija. Ésta, más bella aún que la madre, murió de una fiebre esencial a los siete años. Pero la verdadera historia de Margarito Duarte había empezado seis meses antes de su llegada a Roma, cuando hubo que mudar el cementerio de su pueblo para construir una represa. Como todos los habitantes de la región, Margarito desenterró los huesos de sus muertos para llevarlos al cementerio nuevo. La esposa era polvo. En la tumba contigua, por el contrario, la niña seguía intacta después de once años. Tanto, que cuando destaparon la caja se sintió el vaho de las rosas frescas con que la habían enterrado. Lo más asombroso, sin embargo, era que el cuerpo carecía de peso.

Centenares de curiosos atraídos por el clamor del milagro desbordaron la aldea. No había duda. La incorruptibilidad del cuerpo era un síntoma inequívoco de la santidad, y hasta el obispo de la diócesis estuvo de acuerdo en que semejante prodigio debía someterse al veredicto del Vaticano. De modo que se hizo una colecta pública para que Margarito Duarte viajara a Roma, a batallar por una causa que ya no era sólo suya ni del ámbito estrecho de su aldea, sino un asunto de la nación.

Mientras nos contaba su historia en la pensión del apacible barrio de Parioli, Margarito Duarte quitó el candado y abrió la tapa del baúl primoroso. Fue así como el tenor Ribero Silva y yo participamos del milagro. No parecía una momia marchita como las que se ven en tantos museos del mundo, sino una niña vestida de novia que siguiera dormida al cabo de una larga estancia bajo la tierra. La piel era tersa y tibia, y los ojos abiertos eran diáfanos, y causaban la impresión insoportable de que nos veían desde la muerte. El raso y los azahares falsos de la corona no habían resistido al rigor del tiempo con tan buena salud como la piel, pero las rosas que le habían puesto en las manos permanecían vivas. El peso del estuche de pino, en efecto, siguió siendo igual cuando sacamos el cuerpo.

Margarito Duarte empezó sus gestiones al día siguiente de la llegada. Al principio con una ayuda diplomática más compasiva que eficaz, y luego con cuantas artimañas se le ocurrieron para sortear los incontables obstáculos del Vaticano. Fue siempre muy reservado sobre sus diligencias, pero se sabía que eran numerosas e inútiles. Hacía contacto con cuantas congregaciones religiosas y fundaciones humanitarias encontraba a su paso, donde lo escuchaban con atención pero sin asombro, y le prometían gestiones inmediatas que nunca culminaron. La verdad es que la época no era la más propicia. Todo lo que tuviera que ver con la Santa Sede había sido postergado hasta que el Papa superara la crisis de hipo, resistente no sólo a los más refinados recursos de la medicina académica, sino a toda clase de remedios mágicos que le mandaban del mundo entero.

Por fin, en el mes de julio, Pío XII se repuso y fue a sus vacaciones de verano en Castelgandolfo. Margarito llevó la santa a la primera audiencia semanal con la esperanza de mostrársela. El Papa apareció en el patio interior, en un balcón tan bajo que Margarito pudo ver sus uñas bien pulidas y alcanzó a percibir su hálito de lavanda. Pero no circuló por entre los turistas que llegaban de todo el mundo para verlo, como Margarito esperaba, sino que pronunció el mismo discurso en seis idiomas y terminó con la bendición general.

Al cabo de tantos aplazamientos, Margarito decidió afrontar las cosas en persona, y llevó a la Secretaría de Estado una carta manuscrita de casi sesenta folios, de la cual no obtuvo respuesta. Él lo había previsto, pues el funcionario que la recibió con los formalismos de rigor apenas si se dignó darle una mirada oficial a la niña muerta, y los empleados que pasaban cerca la miraban sin ningún interés. Uno de ellos le contó que el año anterior habían recibido más de ochocientas cartas que solicitaban la santificación de cadáveres intactos en distintos lugares del mundo. Margarito pidió por último que se comprobara la ingravidez del cuerpo. El funcionario la comprobó, pero se negó a admitirla.

—Debe ser un caso de sugestión colectiva —dijo.

En sus escasas horas libres y en los áridos domingos del verano, Margarito permanecía en su cuarto, encarnizado en la lectura de cualquier libro que le pareciera de interés para su causa. A fines de cada mes, por iniciativa propia, escribía en un cuaderno escolar una relación minuciosa de sus gastos con su caligrafía preciosista de amanuense mayor, para rendir cuentas estrictas y oportunas a los contribuyentes de su pueblo. Antes de terminar el año conocía los dédalos de Roma como si hubiera nacido en ellos, hablaba un italiano fácil y de tan pocas palabras como su castellano andino, y sabía tanto como el que más sobre procesos de canonización. Pero pasó mucho más tiempo antes de que cambiara su vestido fúnebre, y el chaleco y el sombrero de magistrado que en la Roma de la época eran propios de algunas sociedades secretas con fines inconfesables. Salía desde muy temprano con el estuche de la santa, y a veces regresaba tarde en la noche, exhausto y triste, pero siempre con un rescoldo de luz que le infundía alientos nuevos para el día siguiente.

—Los santos viven en su tiempo propio —decía.

Yo estaba en Roma por primera vez, estudiando en el Centro Experimental de Cine, y viví su calvario con una intensidad inolvidable. La pensión donde vivíamos era en realidad un apartamento moderno a pocos pasos de la Villa Borghese, cuya dueña ocupaba dos alcobas y alquilaba cuatro a estudiantes extranjeros. La llamábamos María Bella, y era guapa y temperamental en la plenitud de su otoño, y siempre fiel a la norma sagrada de que cada quien es rey absoluto dentro de su cuarto. En realidad, la que llevaba el peso de la vida cotidiana era su hermana mayor, la tía Antonieta, un ángel sin alas que le trabajaba por horas durante el día, y andaba por todos lados con su balde y su escoba de jerga lustrando más allá de lo posible los mármoles del piso. Fue ella quien nos enseñó a comer los pajaritos cantores que cazaba Bartolino, su esposo, por un mal hábito que le quedó de la guerra, y quien terminaría por llevarse a Margarito a vivir en su casa cuando los recursos no le alcanzaron para los precios de María Bella.

Nada menos adecuado para el modo de ser de Margarito que aquella casa sin ley. Cada hora nos reservaba una novedad, hasta en la madrugada, cuando nos despertaba el rugido pavoroso del león en el zoológico de la Villa Borghese. El tenor Ribero Silva se había ganado el privilegio de que los romanos no se resintieran con sus ensayos tempraneros. Se levantaba a las seis, se daba su baño medicinal de agua helada y se arreglaba la barba y las cejas de Mefistófeles, y sólo cuando ya estaba listo con la bata de cuadros escoceses, la bufanda de seda china y su agua de colonia personal, se entregaba en cuerpo y alma a sus ejercicios de canto. Abría de par en par la ventana del cuarto, aun con las estrellas del invierno, y empezaba por calentar la voz con fraseos progresivos de grandes arias de amor, hasta que se soltaba a cantarla a plena voz. La expectativa diaria era que cuando daba el do de pecho le contestaba el león de la Villa Borghese con un rugido de temblor de tierra.

—Eres San Marcos reencarnado, *figlio mio* —exclamaba la tía Antonieta asombrada de veras—. Sólo él podía hablar con los leones.

Una mañana no fue el león el que le dio la réplica. El tenor inició el dueto de amor del *Otello: Già nella notte densa s'estingue ogni clamor*. De pronto, desde el fondo del patio, nos llegó la respuesta en una hermosa voz de soprano. El tenor prosiguió, y las dos voces cantaron el trozo completo, para solaz del vecindario que abrió las ventanas para santificar sus casas con el torrente de aquel amor irresistible. El tenor estuvo a punto de desmayarse cuando supo que su Desdémona invisible era nadie menos que la gran Maria Caniglia.

Tengo la impresión de que fue aquel episodio el que le dio un motivo válido a Margarito Duarte para integrarse a la vida de la casa. A partir de entonces se sentó con todos en la mesa común y no en la cocina, como al principio, donde la tía Antonieta lo complacía casi a diario con su guiso maestro de pajaritos cantores. María Bella nos leía de sobremesa los periódicos del día para acostumbrarnos a la fonética italiana, y completaba las noticias con una arbitrariedad y una gracia que nos alegraban la vida. Uno de esos días contó, a propósito de la santa, que en la ciudad de Palermo había un enorme museo con los cadáveres incorruptos de hombres, mujeres y niños, e inclusive de varios obispos, desenterrados de un mismo cementerio de los padres capuchinos. La noticia inquietó tanto a Margarito, que no tuvo un instante de paz hasta que fuimos a Palermo. Pero le bastó una mirada de paso por las abrumadoras galerías de momias sin gloria para formarse un juicio de consolación.

—No son el mismo caso —dijo—. A estos se les nota enseguida que están muertos.

Después del almuerzo Roma sucumbía en el sopor de agosto. El sol de medio día se quedaba inmóvil en el centro del cielo, y en el silencio de las dos de la tarde sólo se oía el rumor del agua, que es la voz natural de Roma. Pero hacia las siete de la noche las ventanas se abrían de golpe para convocar el aire fresco que empezaba a moverse, y una muchedumbre jubilosa se echaba a las calles sin ningún propósito distinto que el de vivir, en medio de los petardos de las motocicletas, los gritos de los vendedores de sandía y las canciones de amor entre las flores de las terrazas.

El tenor y yo no hacíamos la siesta. Íbamos en su vespa, él conduciendo y yo en la parrilla, y les llevábamos helados y chocolates a las putitas de verano que mariposeaban bajo los laureles centenarios de la Villa Borghese, en busca de turistas desvelados a pleno sol. Eran bellas, pobres y cariñosas, como la mayoría de las italianas de aquel tiempo, vestidas de organza azul, de popelina rosada, de lino verde, y se protegían del sol con las sombrillas apolilladas por las lluvias de la guerra reciente. Era un placer humano estar con ellas, porque saltaban por encima de las leyes del oficio y se daban el lujo de perder un buen cliente para irse con nosotros a tomar un café bien conservado en el bar de la esquina, o a pasear en las carrozas de alquiler por los senderos del parque, o a dolernos de los reyes destronados y sus amantes trágicas que cabalgaban al atardecer en el *galoppatoio*. Más de una vez les servíamos de intérpretes con algún gringo descarriado.

No fue por ellas que llevamos a Margarito Duarte a la Villa Borghese, sino para que conociera el león. Vivía en libertad en un islote desértico circundado por un foso profundo, y tan pronto como nos divisó en la otra orilla empezó a rugir con un desasosiego que sorprendió a su guardián. Los visitantes del parque acudieron sorprendidos. El tenor trató de identificarse con su do de pecho matinal, pero el león no le prestó atención. Parecía rugir hacia todos nosotros sin distinción, pero el vigilante se dio cuenta al instante de que sólo rugía por Margarito. Así fue: para donde él se moviera se movía el león, y tan pronto como se escondía dejaba de rugir. El vigilante, que era doctor en letras clásicas de la universidad de Siena, pensó que Margarito debió estar ese día con otros leones que lo habían contaminado de su olor. Aparte de esa explicación, que era inválida, no se le ocurrió otra.

—En todo caso —dijo— no son rugidos de guerra sino de compasión.

Sin embargo, lo que impresionó al tenor Ribera Silva no fue aquel episodio sobrenatural, sino la conmoción de Margarito cuando se detuvieron a conversar con las muchachas del parque. Lo comentó en la mesa, y unos por picardía, y otros por comprensión, estuvimos de acuerdo en que sería una buena obra ayudar a Margarito a resolver su soledad. Conmovida por la debilidad de nuestros corazones, María Bella se apretó la pechuga de madraza bíblica con sus manos empedradas de anillos de fantasía.

—Yo lo haría por caridad —dijo—, si no fuera porque nunca he podido con los hombres que usan chaleco.

Fue así como el tenor pasó por la Villa Borghese a las dos de la tarde, y se llevó en ancas de su vespa a la mariposita que le pareció más propicia para darle una hora de buena compañía a Margarito Duarte. La hizo desnudarse en su alcoba, la bañó con jabón de olor, la secó, la perfumó con su agua de colonia personal, y la empolvó de cuerpo entero con su talco alcanforado para después de afeitarse. Por último le pagó el tiempo que ya llevaban y una hora más, y le indicó letra por letra lo que debía hacer.

La bella desnuda atravesó en puntillas la casa en penumbras, como un sueño de la siesta, y dio dos golpecitos tiernos en la alcoba del fondo. Margarito Duarte, descalzo y sin camisa, abrió la puerta.

—*Buona sera giovanotto* —le dijo ella, con voz y modos de colegiala—. *Mi manda il tenore.*

Margarito asimiló el golpe con una gran dignidad. Acabó de abrir la puerta para darle paso, y ella se tendió en la cama mientras él se ponía a toda prisa la camisa y los zapatos para atenderla con el debido respeto. Luego se sentó a su lado en una silla, e inició la conversación. Sorprendida, la muchacha le dijo que se diera prisa, pues sólo disponían de una hora. Él no se dio por enterado.

La muchacha dijo después que de todos modos habría estado el tiempo que él hubiera querido sin cobrarle ni un céntimo, porque no podía haber en el mundo un hombre mejor comportado. Sin saber qué hacer mientras tanto, escudriñó el cuarto con la mirada, y descubrió el estuche de madera sobre la chimenea. Preguntó si era un saxofón. Margarito no le contestó, sino que entreabrió la persiana para que entrara un poco de luz, llevó el estuche a la cama y levantó la tapa. La muchacha trató de decir algo, pero se le desencajó la mandíbula. O como nos dijo después: *Mi si gelò il culo*. Escapó despavorida, pero se equivocó de sentido en el corredor, y se encontró con la tía Antonieta que iba a poner una bombilla nueva en la lámpara de mi cuarto. Fue tal el susto de ambas, que la muchacha no se atrevió a salir del cuarto del tenor hasta muy entrada la noche.

La tía Antonieta no supo nunca qué pasó. Entró en mi cuarto tan asustada, que no conseguía atornillar la bombilla en la lámpara por el temblor de las manos. Le pregunté qué le sucedía. «Es que en esta casa espantan», me dijo. «Y ahora a pleno día.» Me contó con una gran convicción que, durante la guerra, un oficial alemán degolló a su amante en el cuarto que ocupaba el tenor. Muchas veces, mientras andaba en sus oficios, la tía Antonieta había visto la aparición de la bella asesinada recogiendo sus pasos por los corredores.

—Acabo de verla caminando en pelota por el corredor —dijo—. Era idéntica.

La ciudad recobró su rutina en otoño. Las terrazas floridas del verano se cerraron con los primeros vientos, y el tenor y yo volvimos a la vieja tractoría del Trastévere donde solíamos cenar con los alumnos de canto del conde Carlo Calcagni, y algunos compañeros míos de la escuela de cine. Entre estos últimos, el más asiduo era Lakis, un griego inteligente y simpático, cuyo único tropiezo eran sus discursos adormecedores sobre la injusticia social. Por fortuna, los tenores y las sopranos lograban casi siempre derrotarlo con trozos de ópera cantados a toda voz, que sin embargo no molestaban a nadie aun después de la media noche. Al contrario, algunos trasnochadores de paso se sumaban al coro, y en el vecindario se abrían ventanas para aplaudir.

Una noche, mientras cantábamos, Margarito entró en puntillas para no interrumpirnos. Llevaba el estuche de pino que no había tenido tiempo de dejar en la pensión después de mostrarle la santa al párroco de San Juan de Letrán, cuya influencia ante la Sagrada Congregación del Rito era de dominio público. Alcancé a ver de soslayo que lo puso debajo de una mesa apartada, y se sentó mientras terminábamos de cantar. Como siempre ocurría al filo de la media noche, reunimos varias mesas cuando la tractoría empezó a desocuparse, y quedamos juntos los que cantaban, los que hablábamos de cine, y los amigos de todos. Y entre ellos, Margarito Duarte, que ya era conocido allí como el colombiano silencioso y triste del cual nadie sabía nada. Lakis, intrigado, le preguntó si tocaba el violonchelo. Yo me sobrecogí con lo que me pareció una indiscreción difícil de sortear. El tenor, tan incómodo como yo, no logró remendar la situación. Margarito fue el único que tomó la pregunta con toda naturalidad.

—No es un violonchelo —dijo—. Es la santa.

Puso la caja sobre la mesa, abrió el candado y levantó la tapa. Una ráfaga de estupor estremeció el restaurante. Los otros clientes, los meseros, y por último la gente de la cocina con sus delantales ensangrentados, se congregaron atónitos a contemplar el prodigio. Algunos se persignaron. Una de las cocineras se arrodilló con las manos juntas, presa de un temblor de fiebre, y rezó en silencio.

Sin embargo, pasada la conmoción inicial, nos enredamos en una discusión a gritos sobre la insuficiencia de la santidad en nuestros tiempos. Lakis, por supuesto, fue el más radical. Lo único que quedó en claro al final fue su idea de hacer una película crítica con el tema de la santa.

—Estoy seguro —dijo— que el viejo Cesare no dejaría escapar este tema.

Se refería a Cesare Zavattini, nuestro maestro de argumento y guión, uno de los grandes de la historia del cine y el único que mantenía con nosotros una relación personal al margen de la escuela. Trataba de enseñarnos no sólo el oficio, sino una manera distinta de ver la vida. Era una máquina de pensar argumentos. Le salían a borbotones, casi contra su voluntad. Y con tanta prisa, que siempre le hacía falta la ayuda de alguien para pensarlos en voz alta y atraparlos al vuelo. Sólo que al terminarlos se le caían los ánimos. «Lástima que haya que filmarlo», decía. Pues pensaba que en la pantalla perdería mucho de su magia original. Conservaba las ideas en tarjetas ordenadas por temas y prendidas con alfileres en los muros, y tenía tantas que ocupaban una alcoba de su casa.

El sábado siguiente fuimos a verlo con Margarito Duarte. Era tan goloso de la vida, que lo encontramos en la puerta de su casa de la calle Angela Merici, ardiendo de ansiedad por la idea que le habíamos anunciado por teléfono. Ni siquiera nos saludó con la amabilidad de costumbre, sino que llevó a Margarito a una mesa preparada, y él mismo abrió el estuche. Entonces ocurrió lo que menos imaginábamos. En vez de enloquecerse, como era previsible, sufrió una especie de parálisis mental.

—*Ammazza!* —murmuró espantado.

Miró a la santa en silencio por dos o tres minutos, cerró la caja él mismo, y sin decir nada condujo a Margarito hacia la puerta, como a un niño que diera sus primeros pasos. Lo despidió con unas palmaditas en la espalda. «Gracias, hijo, muchas gracias», le dijo. «Y que Dios te acompañe en tu lucha.» Cuando cerró la puerta se volvió hacia nosotros, y nos dio su veredicto.

—No sirve para el cine —dijo—. Nadie lo creería.

Esa lección sorprendente nos acompañó en el tranvía de regreso. Si él lo decía, no había ni que pensarlo: la historia no servía. Sin embargo, María Bella nos recibió con el recado urgente de que Zavattini nos esperaba esa misma noche, pero sin Margarito.

Lo encontramos en uno de sus momentos estelares. Lakis había llevado a dos o tres condiscípulos, pero él ni siquiera pareció verlos cuando abrió la puerta.

—Ya lo tengo —gritó—. La película será un cañonazo si Margarito hace el milagro de resucitar a la niña.

—¿En la película o en la vida? —le pregunté.

Él reprimió la contrariedad. «No seas tonto», me dijo. Pero enseguida le vimos en los ojos el destello de una idea irresistible. «A no ser que sea capaz de resucitarla en la vida real», dijo, y reflexionó en serio:

—Debería probar.

Fue sólo una tentación instantánea, antes de retomar el hilo. Empezó a pasearse por la casa, como un loco feliz, gesticulando a manotadas y recitando la película a grandes voces. Lo escuchábamos deslumbrados, con la impresión de estar viendo las imágenes como pájaros fosforescentes que se le escapaban en tropel y volaban enloquecidos por toda la casa.

—Una noche —dijo— cuando ya han muerto como veinte Papas que no lo recibieron, Margarito entra en su casa, cansado y viejo, abre la caja, le acaricia la cara a la muertita, y le dice con toda la ternura del mundo: «Por el amor de tu padre, hijita: levántate y anda».

Nos miró a todos, y remató con un gesto triunfal:

—¡Y la niña se levanta!

Algo esperaba de nosotros. Pero estábamos tan perplejos, que no encontrábamos qué decir. Salvo Lakis, el griego, que levantó el dedo, como en la escuela, para pedir la palabra.

—Mi problema es que no lo creo —dijo, y ante nuestra sorpresa, se dirigió directo a Zavattini—: Perdóneme, maestro, pero no lo creo.

Entonces fue Zavattini el que se quedó atónito.

—¿Y por qué no?

—Qué sé yo —dijo Lakis, angustiado—. Es que no puede ser.

—*Ammazza!* —gritó entonces el maestro, con un estruendo que debió oírse en el barrio entero—. Eso es lo que más me jode de los estalinistas: que no creen en la realidad.

En los quince años siguientes, según él mismo me contó, Margarito llevó la santa a Castelgandolfo por si se daba la ocasión de mostrarla. En una audiencia de unos doscientos peregrinos de América Latina alcanzó a contar su historia, entre empujones y codazos, al benévolo Juan XXIII. Pero no pudo mostrarle a la niña porque debió dejarla a la entrada, junto con los morrales de otros peregrinos, en previsión de un atentado. El Papa lo escuchó con tanta atención como le fue posible entre la muchedumbre, y le dio en la mejilla una palmadita de aliento.

—*Bravo, figlio mio* —le dijo—. Dios premiará tu perseverancia.

Sin embargo, cuando de veras se sintió en vísperas de realizar su sueño fue durante el reinado fugaz del sonriente Albino Luciani. Un pariente de este, impresionado por la historia de Margarito, le prometió su mediación. Nadie le hizo caso. Pero dos días después, mientras almorzaban, alguien llamó a la pensión con un mensaje rápido y simple para Margarito: no debía moverse de Roma, pues antes del jueves sería llamado del Vaticano para una audiencia privada.

Nunca se supo si fue una broma. Margarito creía que no, y se mantuvo alerta. No salió de la casa. Si tenía que ir al baño lo anunciaba en voz alta: «Voy al baño». María Bella, siempre graciosa en los primeros albores de la vejez, soltaba su carcajada de mujer libre.

—Ya lo sabemos, Margarito —gritaba—, por si te llama el Papa.

La semana siguiente, dos días antes del telefonema anunciado, Margarito se derrumbó ante el titular del periódico que deslizaron por debajo de la puerta: *Morto il Papa*. Por un instante lo sostuvo en vilo la ilusión de que era un periódico atrasado que habían llevado por equivocación, pues no era fácil creer que se muriera un Papa cada mes. Pero así fue: el sonriente Albino Luciani, elegido treinta y tres días antes, había amanecido muerto en su cama.

Volví a Roma veintidós años después de conocer a Margarito Duarte, y tal vez no hubiera pensado en él si no lo hubiera encontrado por casualidad. Yo estaba demasiado oprimido por los estragos del tiempo para pensar en nadie. Caía sin cesar una llovizna boba como de caldo tibio, la luz de diamante de otros tiempos se había vuelto turbia, y los lugares que habían sido míos y sustentaban mis nostalgias eran otros y ajenos. La casa donde estuvo la pensión seguía siendo la misma, pero nadie dio razón de María Bella. Nadie contestaba en seis números de teléfonos que el tenor Ribero Silva me había mandado a través de los años. En un almuerzo con la nueva gente de cine evoqué la memoria de mi maestro, y un silencio súbito aleteó sobre la mesa por un instante, hasta que alguien se atrevió a decir:

—*Zavattini? Mai sentito.*

Así era: nadie había oído hablar de él. Los árboles de la Villa Borghese estaban desgreñados bajo la lluvia, el *galoppatoio* de las princesas tristes había sido devorado por una maleza sin flores, y las bellas de antaño habían sido sustituidas por atletas andróginos travestidos de manolas. El único sobreviviente de una fauna extinguida era el viejo león, sarnoso y acatarrado, en su isla de aguas marchitas. Nadie cantaba ni se moría de amor en las tractorías plastificadas de la Plaza de España. Pues la Roma de nuestras nostalgias era ya otra Roma antigua dentro de la antigua Roma de los Césares. De pronto, una voz que podía venir del más allá me paró en seco en una callecita del Trastévere:

—Hola, poeta.

Era él, viejo y cansado. Habían muerto cinco papas,

la Roma eterna mostraba los primeros síntomas de la decrepitud, y él seguía esperando. «He esperado tanto que ya no puede faltar mucho más», me dijo al despedirse, después de casi cuatro horas de añoranzas. «Puede ser cosa de meses.» Se fue arrastrando los pies por el medio de la calle, con sus botas de guerra y su gorra descolorida de romano viejo, sin preocuparse de los charcos de lluvia donde la luz empezaba a pudrirse. Entonces no tuve ya ninguna duda, si es que alguna vez la tuve, de que el santo era él. Sin darse cuenta, a través del cuerpo incorrupto de su hija, llevaba ya veintidós años luchando en vida por la causa legítima de su propia canonización.

Agosto 1981.

El avión
de la bella durmiente

ERA BELLA, elástica, con una piel tierna del color del pan y los ojos de almendras verdes, y tenía el cabello liso y negro y largo hasta la espalda, y una aura de antigüedad que lo mismo podía ser de Indonesia que de los Andes. Estaba vestida con un gusto sutil: chaqueta de lince, blusa de seda natural con flores muy tenues, pantalones de lino crudo, y unos zapatos lineales del color de las bugambilias. «Esta es la mujer más bella que he visto en mi vida», pensé, cuando la vi pasar con sus sigilosos trancos de leona, mientras yo hacía la cola para abordar el avión de Nueva York en el aeropuerto Charles de Gaulle de París. Fue una aparición sobrenatural que existió sólo un instante y desapareció en la muchedumbre del vestíbulo.

Eran las nueve de la mañana. Estaba nevando desde la noche anterior, y el tránsito era más denso que de costumbre en las calles de la ciudad, y más lento aún en la autopista, y había camiones de carga alineados a la orilla, y automóviles humeantes en la nieve. En el vestíbulo del aeropuerto, en cambio, la vida seguía en primavera.

Yo estaba en la fila de registro detrás de una anciana holandesa que demoró casi una hora discutiendo el peso de sus once maletas. Empezaba a aburrirme cuando vi la aparición instantánea que me dejó sin aliento, así que no supe cómo terminó el altercado, hasta que la empleada me bajó de las nubes con un reproche por mi distracción. A modo de disculpa le pregunté si creía en los amores a primera vista. «Claro que sí», me dijo. «Los imposibles son los otros.» Siguió con la vista fija en la pantalla de la computadora, y me preguntó qué asiento prefería: fumar o no fumar.

—Me da lo mismo —le dije con toda intención—, siempre que no sea al lado de las once maletas.

Ella lo agradeció con una sonrisa comercial sin apartar la vista de la pantalla fosforescente.

—Escoja un número —me dijo—: tres, cuatro o siete.

—Cuatro.

Su sonrisa tuvo un destello triunfal.

—En quince años que llevo aquí —dijo—, es el primero que no escoge el siete.

Marcó en la tarjeta de embarque el número del asiento y me la entregó con el resto de mis papeles, mirándome por primera vez con unos ojos color de uva que me sirvieron de consuelo mientras volvía a ver la bella. Sólo entonces me advirtió que el aeropuerto acababa de cerrarse y todos los vuelos estaban diferidos.

—¿Hasta cuándo?

—Hasta que Dios quiera —dijo con su sonrisa—. La radio anunció esta mañana que será la nevada más grande del año.

Se equivocó: fue la más grande del siglo. Pero en la sala de espera de la primera clase la primavera era tan real que había rosas vivas en los floreros y hasta la música enlatada parecía tan sublime y sedante como lo pretendían sus creadores. De pronto se me ocurrió que aquel era un refugio adecuado para la bella, y la busqué en los otros salones, estremecido por mi propia audacia. Pero la mayoría eran hombres de la vida real que leían periódicos en inglés mientras sus mujeres pensaban en otros, contemplando los aviones muertos en la nieve a través de las vidrieras panorámicas, contemplando las fábricas glaciales, los vastos sementeros de Roissy devastados por los leones. Después del mediodía no había un espacio disponible, y el calor se había vuelto tan insoportable que escapé para respirar.

Afuera encontré un espectáculo sobrecogedor. Gentes de toda ley habían desbordado las salas de espera, y estaban acampadas en los corredores sofocantes, y aun en las escaleras, tendidas por los suelos con sus animales y sus niños, y sus enseres de viaje. Pues también la comunicación con la ciudad estaba interrumpida, y el palacio de plástico transparente parecía una inmensa cápsula espacial varada en la tormenta. No pude evitar la idea de que también la bella debía estar en algún lugar en medio de aquellas hordas mansas, y esa fantasía me infundió nuevos ánimos para esperar.

A la hora del almuerzo habíamos asumido nuestra conciencia de náufragos. Las colas se hicieron interminables frente a los siete restaurantes, las cafeterías, los bares atestados, y en menos de tres horas tuvieron que cerrarlos porque no había nada qué comer ni beber. Los niños, que por un momento parecían ser todos los del mundo, se pusieron a llorar al mismo tiempo, y empezó a levantarse de la muchedumbre un olor de rebaño.

Era el tiempo de los instintos. Lo único que alcancé a comer en medio de la rebatiña fueron los dos últimos vasos de helado de crema en una tienda infantil. Me los tomé poco a poco en el mostrador, mientras los camareros ponían las sillas sobre las mesas a medida que se desocupaban, y viéndome a mí mismo en el espejo del fondo, con el último vasito de cartón y la última cucharita de cartón, y pensando en la bella.

El vuelo de Nueva York, previsto para las once de la mañana, salió a las ocho de la noche. Cuando por fin logré embarcar, los pasajeros de la primera clase estaban ya en su sitio, y una azafata me condujo al mío. Me quedé sin aliento. En la poltrona vecina, junto a la ventanilla, la bella estaba tomando posesión de su espacio con el dominio de los viajeros expertos. «Si alguna vez escribiera esto, nadie me lo creería», pensé. Y apenas si intenté en mi media lengua un saludo indeciso que ella no percibió.

Se instaló como para vivir muchos años, poniendo cada cosa en su sitio y en su orden, hasta que el lugar quedó tan bien dispuesto como la casa ideal donde todo estaba al alcance de la mano. Mientras lo hacía, el sobrecargo nos llevó la champaña de bienvenida. Cogí una copa para ofrecérsela a ella, pero me arrepentí a tiempo. Pues sólo quiso un vaso de agua, y le pidió al sobrecargo, primero en un francés inaccesible y luego en un inglés apenas más fácil, que no la despertara por ningún motivo durante el vuelo. Su voz grave y tibia arrastraba una tristeza oriental.

Cuando le llevaron el agua, abrió sobre las rodillas un cofre de tocador con esquinas de cobre, como los baúles de las abuelas, y sacó dos pastillas doradas de un estuche donde llevaba otras de colores diversos. Hacía todo de un modo metódico y parsimonioso, como si no hubiera nada que no estuviera previsto para ella desde su nacimiento. Por último bajó la cortina de la ventana, extendió la poltrona al máximo, se cubrió con la manta hasta la cintura sin quitarse los zapatos, se puso el antifaz de dormir, se acostó de medio lado en la poltrona, de espaldas a mí, y durmió sin una sola pausa, sin un suspiro, sin un cambio mínimo de posición, durante las ocho horas eternas y los doce minutos de sobra que duró el vuelo a Nueva York.

Fue un viaje intenso. Siempre he creído que no hay nada más hermoso en la naturaleza que una mujer hermosa, de modo que me fue imposible escapar ni un instante al hechizo de aquella criatura de fábula que dormía a mi lado. El sobrecargo había desaparecido tan pronto como despegamos, y fue reemplazado por una azafata cartesiana que trató de despertar a la bella para darle el estuche de tocador y los auriculares para la música. Le repetí la advertencia que ella le había hecho al sobrecargo, pero la azafata insistió para oír de ella misma que tampoco quería cenar. Tuvo que confirmárselo el sobrecargo, y aun así me reprendió porque la bella no se hubiera colgado en el cuello el cartoncito con la orden de no despertarla.

Hice una cena solitaria, diciéndome en silencio todo lo que le hubiera dicho a ella si hubiera estado despierta. Su sueño era tan estable, que en cierto momento tuve la inquietud de que las pastillas que se había tomado no fueran para dormir sino para morir. Antes de cada trago, levantaba la copa y brindaba.

—A tu salud, bella.

Terminada la cena apagaron las luces, dieron la película para nadie, y los dos quedamos solos en la penumbra del mundo. La tormenta más grande del siglo había pasado, y la noche del Atlántico era inmensa y límpida, y el avión parecía inmóvil entre las estrellas. Entonces la contemplé palmo a palmo durante varias horas, y la única señal de vida que pude percibir fueron las sombras de los sueños que pasaban por su frente como las nubes en el agua. Tenía en el cuello una cadena tan fina que era casi invisible sobre su piel de oro, las orejas perfectas sin puntadas para los aretes, las uñas rosadas de la buena salud, y un anillo liso en la mano izquierda. Como no parecía tener más de veinte años, me consolé con la idea de que no fuera un anillo de bodas sino el de un noviazgo efímero. «Saber que duermes tú, cierta, segura, cauce fiel de abandono, línea pura, tan cerca de mis brazos maniatados», pensé, repitiendo en la cresta de espumas de champaña el soneto magistral de Gerardo Diego. Luego extendí la poltrona a la altura de la suya, y quedamos acostados más cerca que en una cama matrimonial. El clima de su respiración era el mismo de la voz, y su piel exhalaba un hálito tenue que sólo podía ser el olor propio de su belleza. Me parecía increíble: en la primavera anterior había leído una hermosa novela de Yasunari Kawabata sobre los ancianos burgueses de Kyoto que pagaban sumas enormes para pasar la noche contemplando a las muchachas más bellas de la ciudad, desnudas y narcotizadas, mientras ellos agonizaban de amor en la misma cama. No podían despertarlas, ni tocarlas, y ni siquiera lo intentaban, porque la esencia del placer era verlas dormir. Aquella noche, velando el sueño de la bella, no sólo entendí aquel refinamiento senil, sino que lo viví a plenitud.

—Quién iba a creerlo —me dije, con el amor propio exacerbado por la champaña—: Yo, anciano japonés a estas alturas.

Creo que dormí varias horas, vencido por la champaña y los fogonazos mudos de la película, y desperté con la cabeza agrietada. Fui al baño. Dos lugares detrás del mío yacía la anciana de las once maletas despatarrada de mala manera en la poltrona. Parecía un muerto olvidado en el campo de batalla. En el suelo, a mitad del pasillo, estaban sus lentes de leer con el collar de cuentas de colores, y por un instante disfruté de la dicha mezquina de no recogerlos.

Después de desahogarme de los excesos de champaña me sorprendí a mí mismo en el espejo, indigno y feo, y me asombré de que fueran tan terribles los estragos del amor. De pronto el avión se fue a pique, se enderezó como pudo, y prosiguió volando al galope. La orden de volver al asiento se encendió. Salí en estampida, con la ilusión de que sólo las turbulencias de Dios despertaran a la bella, y que tuviera que refugiarse en mis brazos huyendo del terror. En la prisa estuve a punto de pisar los lentes de la holandesa, y me hubiera alegrado. Pero volví sobre mis pasos, los recogí, y se los puse en el regazo, agradecido de pronto de que no hubiera escogido antes que yo el asiento número cuatro.

El sueño de la bella era invencible. Cuando el avión se estabilizó, tuve que resistir la tentación de sacudirla con cualquier pretexto, porque lo único que deseaba en aquella última hora de vuelo era verla despierta, aunque fuera enfurecida, para que yo pudiera recobrar mi libertad, y tal vez mi juventud. Pero no fui capaz. «Carajo», me dije, con un gran desprecio. «¡Por qué no nací Tauro!» Despertó sin ayuda en el instante en que se encendieron los anuncios del aterrizaje, y estaba tan bella y lozana como si hubiera dormido en un rosal. Sólo entonces caí en la cuenta de que los vecinos de asiento en los aviones, igual que los matrimonios viejos, no se dan los buenos días al despertar. Tampoco ella. Se quitó el antifaz, abrió los ojos radiantes, enderezó la poltrona, tiró a un lado la manta, se sacudió las crines que se peinaban solas con su propio peso, volvió a ponerse el cofre en las rodillas, y se hizo un maquillaje rápido y superfluo, que le alcanzó justo para no mirarme hasta que la puerta se abrió. Entonces se puso la chaqueta de lince, pasó casi por encima de mí con una disculpa convencional en castellano puro de las Américas, y se fue sin despedirse siquiera, sin agradecerme al menos lo mucho que hice por nuestra noche feliz, y desapareció hasta el sol de hoy en la amazonia de Nueva York.

Junio 1982.

ME ALQUILO PARA SOÑAR

A LAS NUEVE de la mañana, mientras desayunábamos en la terraza del Habana Riviera, un tremendo golpe de mar a pleno sol levantó en vilo varios automóviles que pasaban por la avenida del malecón, o que estaban estacionados en la acera, y uno quedó incrustado en un flanco del hotel. Fue como una explosión de dinamita que sembró el pánico en los veinte pisos del edificio y convirtió en polvo el vitral del vestíbulo. Los numerosos turistas que se encontraban en la sala de espera fueron lanzados por los aires junto con los muebles, y algunos quedaron heridos por la granizada de vidrio. Tuvo que ser un maretazo colosal, pues entre la muralla del malecón y el hotel hay una amplia avenida de ida y vuelta, así que la ola saltó por encima de ella y todavía le quedó bastante fuerza para desmigajar el vitral.

Los alegres voluntarios cubanos, con la ayuda de los bomberos, recogieron los destrozos en menos de seis horas, clausuraron la puerta del mar y habilitaron otra, y todo volvió a estar en orden. Por la mañana no se había ocupado nadie del automóvil incrustado en el muro, pues se pensaba que era uno de los estacionados en la acera. Pero cuando la grúa lo sacó de la tronera descubrieron el cadáver de una mujer amarrada en el asiento del conductor con el cinturón de seguridad. El golpe fue tan brutal que no le quedó un hueso entero. Tenía el rostro desbaratado, los botines descosidos y la ropa en piltrafas, y un anillo de oro en forma de serpiente con ojos de esmeraldas. La policía estableció que era el ama de llaves de los nuevos embajadores de Portugal. En efecto, había llegado con ellos a La Habana quince días antes, y había salido esa mañana para el mercado manejando un automóvil nuevo. Su nombre no me dijo nada cuando leí la noticia en los periódicos, pero en cambio quedé intrigado por el anillo en forma de serpiente y ojos de esmeraldas. No pude averiguar, sin embargo, en qué dedo lo usaba.

Era un dato decisivo, porque temí que fuera una mujer inolvidable cuyo nombre verdadero no supe jamás, que usaba un anillo igual en el índice derecho, lo cual era más insólito aún en aquel tiempo. La había conocido treinta y cuatro años antes en Viena, comiendo salchichas con papas hervidas y bebiendo cerveza de barril en una taberna de estudiantes latinos. Yo había llegado de Roma esa mañana, y aún recuerdo mi impresión inmediata por su espléndida pechuga de soprano, sus lánguidas colas de zorros en el cuello del abrigo y aquel anillo egipcio en forma de serpiente. Me pareció que era la única austriaca en el largo mesón de madera, por el castellano primario que hablaba sin respirar con un acento de quincallería. Pero no, había nacido en Colombia y se había ido a Austria entre las dos guerras, casi niña, a estudiar música y canto. En aquel momento andaba por los treinta años mal llevados, pues nunca debió ser bella y había empezado a envejecer antes de tiempo. Pero en cambio era un ser humano encantador. Y también uno de los más temibles.

Viena era todavía una antigua ciudad imperial, cuya posición geográfica entre los dos mundos irreconciliables que dejó la Segunda Guerra había acabado de convertirla en un paraíso del mercado negro y el espionaje mundial. No hubiera podido imaginarme un ámbito más adecuado para aquella compatriota fugitiva que seguía comiendo en la taberna estudiantil de la esquina sólo por fidelidad a su origen, pues tenía recursos de sobra para comprarla de contado con todos sus comensales dentro. Nunca dijo su verdadero nombre, pues siempre la conocimos con el trabalenguas germánico que le inventaron los estudiantes latinos de Viena: Frau Frida. Apenas me la habían presentado cuando incurrí en la impertinencia feliz de preguntarle cómo había hecho para implantarse de tal modo en aquel mundo tan distante y distinto de sus riscos de vientos del Quindío, y ella me contestó con un golpe:

—Me alquilo para soñar.

En realidad, era su único oficio. Había sido la tercera de los once hijos de un próspero tendero del antiguo Caldas, y desde que aprendió a hablar instauró en la casa la buena costumbre de contar los sueños en ayunas, que es la hora en que se conservan más puras sus virtudes premonitorias. A los siete años soñó que uno de sus hermanos era arrastrado por un torrente. La madre, por pura superstición religiosa, le prohibió al niño lo que más le gustaba, que era bañarse en la quebrada. Pero Frau Frida tenía ya un sistema propio de vaticinos.

—Lo que ese sueño significa —dijo— no es que se vaya a ahogar, sino que no debe comer dulces.

La sola interpretación parecía una infamia, cuando era para un niño de cinco años que no podía vivir sin sus golosinas dominicales. La madre, ya convencida de las virtudes adivinatorias de la hija, hizo respetar la advertencia con mano dura. Pero al primer descuido suyo el niño se atragantó con una canica de caramelo que se estaba comiendo a escondidas, y no fue posible salvarlo.

Frau Frida no había pensado que aquella facultad pudiera ser un oficio, hasta que la vida la agarró por el cuello en los crueles inviernos de Viena. Entonces tocó para pedir empleo en la primera casa que le gustó para vivir, y cuando le preguntaron qué sabía hacer, ella sólo dijo la verdad: «Sueño». Le bastó con una breve explicación a la dueña de casa para ser aceptada, con un sueldo apenas suficiente para los gastos menudos, pero con un buen cuarto y las tres comidas. Sobre todo el desayuno, que era el momento en que la familia se sentaba a conocer el destino inmediato de cada uno de sus miembros: el padre, que era un rentista refinado; la madre, una mujer alegre y apasionada de la música de cámara romántica, y dos niños de once y nueve años. Todos eran religiosos, y por lo mismo propensos a las supersticiones arcaicas, y recibieron encantados a Frau Frida con el único compromiso de descifrar el destino diario de la familia a través de los sueños.

Lo hizo bien y por mucho tiempo, sobre todo en los años de la guerra, cuando la realidad fue más siniestra que las pesadillas. Sólo ella podía decidir a la hora del desayuno lo que cada quien debía hacer aquel día, y cómo debía hacerlo, hasta que sus pronósticos terminaron por ser la única autoridad en la casa. Su dominio sobre la familia fue absoluto: aun el suspiro más tenue era por orden suya. Por los días en que estuve en Viena acababa de morir el dueño de casa, y había tenido la elegancia de legarle a ella una parte de sus rentas, con la única condición de que siguiera soñando para la familia hasta el fin de sus sueños.

Estuve en Viena más de un mes, compartiendo las estrecheces de los estudiantes, mientras esperaba un dinero que nunca llegó. Las visitas imprevistas y generosas de Frau Frida en la taberna eran entonces como fiestas en nuestro régimen de penurias. Una de esas noches, en la euforia de la cerveza, me habló al oído con una convicción que no permitía ninguna pérdida de tiempo.

—He venido sólo para decirte que anoche tuve un sueño contigo —me dijo—. Debes irte enseguida y no volver a Viena en los próximos cinco años.

Su convicción era tan real, que esa misma noche me embarcó en el último tren para Roma. Yo, por mi parte, quedé tan sugestionado, que desde entonces me he considerado sobreviviente de un desastre que nunca conocí. Todavía no he vuelto a Viena.

Antes del desastre de La Habana había visto a Frau Frida en Barcelona, de una manera tan inesperada y casual que me pareció misteriosa. Fue el día en que Pablo Neruda pisó tierra española por primera vez desde la Guerra Civil, en la escala de un lento viaje por mar hacia Valparaíso. Pasó con nosotros una mañana de caza mayor en las librerías de viejo, y en *Porter* compró un libro antiguo, descuadernado y marchito, por el cual pagó lo que hubiera sido su sueldo de dos meses en el consulado de Rangún. Se movía por entre la gente como un elefante inválido, con un interés infantil en el mecanismo interno de cada cosa, pues el mundo le parecía un inmenso juguete de cuerda con el cual se inventaba la vida.

No he conocido a nadie más parecido a la idea que uno tiene de un Papa renacentista: glotón y refinado. Aun contra su voluntad, siempre era él quien presidía la mesa. Matilde, su esposa, le ponía un babero que parecía más de peluquería que de comedor, pero era la única manera de impedir que se bañara en salsas. Aquel día en *Carvalleira* fue ejemplar. Se comió tres langostas enteras descuartizándolas con una maestría de cirujano, y al mismo tiempo devoraba con la vista los platos de todos, e iba picando un poco de cada uno, con un deleite que contagiaba las ganas de comer: las almejas de Galicia, los percebes del Cantábrico, las cigalas de Alicante, las *espardenyes* de la Costa Brava. Mientras tanto, como los franceses, sólo hablaba de otras exquisiteces de cocina, y en especial de los mariscos prehistóricos de Chile que llevaba en el corazón. De pronto dejó de comer, afinó sus antenas de bogavante, y me dijo en voz muy baja:

—Hay alguien detrás de mí que no deja de mirarme.

Miré por encima de su hombro, y así era. A sus espaldas, tres mesas más allá, una mujer impávida con un anticuado sombrero de fieltro y una bufanda morada, masticaba despacio con los ojos fijos en él. La reconocí en el acto. Estaba envejecida y gorda, pero era ella, con el anillo de serpiente en el índice.

Viajaba desde Nápoles en el mismo barco que los Neruda, pero no se habían visto a bordo. La invitamos a tomar el café en nuestra mesa, y la induje a hablar de sus sueños para sorprender al poeta. Él no le hizo caso, pues planteó desde el principio que no creía en adivinaciones de sueños.

—Sólo la poesía es clarividente —dijo.

Después del almuerzo, en el inevitable paseo por las Ramblas, me retrasé a propósito con Frau Frida para refrescar nuestros recuerdos sin oídos ajenos. Me contó que había vendido sus propiedades de Austria, y vivía retirada en Porto, Portugal, en una casa que describió como un castillo falso sobre una colina desde donde se veía todo el océano hasta las Américas. Aunque no lo dijera, en su conversación quedaba claro que de sueño en sueño había terminado por apoderarse de la fortuna de sus inefables patrones de Viena. No me impresionó, sin embargo, porque siempre había pensado que sus sueños no eran más que una artimaña para vivir. Y se lo dije.

Ella soltó su carcajada irresistible. «Sigues tan atrevido como siempre», me dijo. Y no dijo más, porque el resto del grupo se había detenido a esperar que Neruda acabara de hablar en jerga chilena con los loros de la Rambla de los Pájaros. Cuando reanudamos la charla, Frau Frida había cambiado de tema.

—A propósito —me dijo—: Ya puedes volver a Viena.

Sólo entonces caí en la cuenta de que habían transcurrido trece años desde que nos conocimos.

—Aun si tus sueños son falsos, jamás volveré —le dije—. Por si acaso.

A las tres nos separamos de ella para acompañar a

Neruda a su siesta sagrada. La hizo en nuestra casa, después de unos preparativos solemnes que de algún modo recordaban la ceremonia del té en el Japón. Había que abrir unas ventanas y cerrar otras para que hubiera el grado de calor exacto y una cierta clase de luz en cierta dirección, y un silencio absoluto. Neruda se durmió al instante, y despertó diez minutos después, como los niños, cuando menos pensábamos. Apareció en la sala restaurado y con el monograma de la almohada impreso en la mejilla.

—Soñé con esa mujer que sueña —dijo.

Matilde quiso que le contara el sueño.

—Soñé que ella estaba soñando conmigo —dijo él.

—Eso es de Borges —le dije.

Él me miró desencantado.

—¿Ya está escrito?

—Si no está escrito lo va a escribir alguna vez —le dije—. Será uno de sus laberintos.

Tan pronto como subió a bordo, a las seis de la tarde, Neruda se despidió de nosotros, se sentó en una mesa apartada, y empezó a escribir versos fluidos con la pluma de tinta verde con que dibujaba flores y peces y pájaros en las dedicatorias de sus libros. A la primera advertencia del buque buscamos a Frau Frida, y al fin la encontramos en la cubierta de turistas cuando ya nos íbamos sin despedirnos. También ella acababa de despertar de la siesta.

—Soñé con el poeta —nos dijo.

Asombrado, le pedí que me contara el sueño.

—Soñé que él estaba soñando conmigo —dijo, y mi cara de asombro la confundió—. ¿Qué quieres? A veces, entre tantos sueños, se nos cuela uno que no tiene nada que ver con la vida real.

No volví a verla ni a preguntarme por ella hasta que supe del anillo en forma de culebra de la mujer que murió en el naufragio del Hotel Riviera. Así que no resistí la tentación de hacerle preguntas al embajador portugués cuando coincidimos, meses después, en una recepción diplomática. El embajador me habló de ella con un gran entusiasmo y una enorme admiración. «No se imagina lo extraordinaria que era», me dijo. «Usted no habría resistido la tentación de escribir un cuento sobre ella.» Y prosiguió en el mismo tono, con detalles sorprendentes, pero sin una pista que me permitiera una conclusión final.

—En concreto —le precisé por fin—: ¿qué hacía?

—Nada —me dijo él, con un cierto desencanto—. Soñaba.

Marzo 1980.

«Sólo vine a hablar por teléfono»

Una tarde de lluvias primaverales, cuando viajaba sola hacia Barcelona conduciendo un automóvil alquilado, María de la Luz Cervantes sufrió una avería en el desierto de los Monegros. Era una mexicana de veintisiete años, bonita y seria, que años antes había tenido un cierto nombre como actriz de variedades. Estaba casada con un prestidigitador de salón, con quien iba a reunirse aquel día después de visitar a unos parientes en Zaragoza. Al cabo de una hora de señas desesperadas a los automóviles y camiones de carga que pasaban raudos en la tormenta, el conductor de un autobús destartalado se compadeció de ella. Le advirtió, eso sí, que no iba muy lejos.

—No importa —dijo María—. Lo único que necesito es un teléfono.

Era cierto, y sólo lo necesitaba para prevenir a su marido de que no llegaría antes de las siete de la noche. Parecía un pajarito ensopado, con un abrigo de estudiante y los zapatos de playa en abril, y estaba tan aturdida por el percance que olvidó llevarse las llaves del automóvil. Una mujer que viajaba junto al conductor, de aspecto militar pero de maneras dulces, le dio una toalla y una manta, y le hizo un sitio a su lado. Después de secarse a medias, María se sentó, se envolvió en la manta, y trató de encender un cigarrillo, pero los fósforos estaban mojados. La vecina de asiento le dio fuego y le pidió un cigarrillo de los pocos que quedaban secos. Mientras fumaban, María cedió a las ansias de desahogarse, y su voz resonó más que la lluvia y el traqueteo del autobús. La mujer la interrumpió con el índice en los labios.

—Están dormidas —murmuró.

María miró por encima del hombro, y vio que el autobús estaba ocupado por mujeres de edades inciertas y condiciones distintas, que dormían arropadas con mantas iguales a la suya. Contagiada de su placidez, María se enroscó en el asiento y se abandonó al rumor de la lluvia. Cuando despertó era de noche y el aguacero se había disuelto en un sereno helado. No tenía la menor idea de cuánto tiempo había dormido ni en qué lugar del mundo se encontraban. Su vecina de asiento tenía una actitud alerta.

—¿Dónde estamos? —le preguntó María.

—Hemos llegado —contestó la mujer.

El autobús estaba entrando en el patio empedrado de un edificio enorme y sombrío que parecía un viejo convento en un bosque de árboles colosales. Las pasajeras, alumbradas apenas por un farol del patio, permanecieron inmóviles hasta que la mujer de aspecto militar las hizo descender con un sistema de órdenes primarias, como en un parvulario. Todas eran mayores, y se movían con tal parsimonia en la penumbra del patio que parecían imágenes de un sueño. María, la última en descender, pensó que eran monjas. Lo pensó menos cuando vio a varias mujeres de uniforme que las recibieron en la puerta del autobús, y les cubrían la cabeza con las mantas para que no se mojaran, y las ponían en fila india, dirigiéndolas sin hablarles, con palmadas rítmicas y perentorias. Después de despedirse de su vecina de asiento María quiso devolverle la manta, pero ella le dijo que se cubriera la cabeza para atravesar el patio, y la devolviera en la portería.

—¿Habrá un teléfono? —le preguntó María.

—Por supuesto —dijo la mujer—. Ahí mismo le indican.

Le pidió a María otro cigarrillo, y ella le dio el resto del paquete mojado. «En el camino se secan», le dijo. La mujer le hizo un adiós con la mano desde el estribo, y casi le gritó: «Buena suerte». El autobús arrancó sin darle tiempo de más.

María empezó a correr hacia la entrada del edificio. Una guardiana trató de detenerla con una palmada enérgica, pero tuvo que apelar a un grito imperioso: «¡Alto he dicho!» María miró por debajo de la manta, y vio unos ojos de hielo y un índice inapelable que le indicó la fila. Obedeció. Ya en el zaguán del edificio se separó del grupo y preguntó al portero dónde había un teléfono. Una de las guardianas la hizo volver a la fila con palmaditas en la espalda, mientras le decía con modos muy dulces:

—Por aquí, guapa, por aquí hay un teléfono.

María siguió con las otras mujeres por un corredor tenebroso, y al final entró en un dormitorio colectivo donde las guardianas recogieron las cobijas y empezaron a repartir las camas. Una mujer distinta, que a María le pareció más humana y de jerarquía más alta, recorrió la fila comparando una lista con los nombres que las recién llegadas tenían escritos en un cartón cosido en el corpiño. Cuando llegó frente a María se sorprendió de que no llevara su identificación.

—Es que yo sólo vine a hablar por teléfono —le dijo María.

Le explicó a toda prisa que su automóvil se había descompuesto en la carretera. El marido, que era mago de fiestas, estaba esperándola en Barcelona para cumplir tres compromisos hasta la media noche, y quería avisarle que no estaría a tiempo para acompañarlo. Iban a ser las siete. Él debía salir de la casa dentro de diez minutos, y ella temía que cancelara todo por su demora. La guardiana pareció escucharla con atención.

—¿Cómo te llamas? —le preguntó.

María le dijo su nombre con un suspiro de alivio, pero la mujer no lo encontró después de repasar la lista varias veces. Se lo preguntó alarmada a una guardiana, y ésta, sin nada que decir, se encogió de hombros.

—Es que yo sólo vine a hablar por teléfono —dijo María.

—De acuerdo, maja —le dijo la superiora, llevándola hacia su cama con una dulzura demasiado ostensible para ser real—, si te portas bien podrás hablar por teléfono con quien quieras. Pero ahora no, mañana.

Algo sucedió entonces en la mente de María que le hizo entender por qué las mujeres del autobús se movían como en el fondo de un acuario. En realidad, estaban apaciguadas con sedantes, y aquel palacio en sombras, con gruesos muros de cantería y escaleras heladas, era en realidad un hospital de enfermas mentales. Asustada, escapó corriendo del dormitorio, y antes de llegar al portón una guardiana gigantesca con un mameluco de mecánico la atrapó de un zarpazo y la inmovilizó en el suelo con una llave maestra. María la miró de través paralizada por el terror.

—Por el amor de Dios —dijo—. Le juro por mi madre muerta que sólo vine a hablar por teléfono.

Le bastó con verle la cara para saber que no había súplica posible ante aquella energúmena de mameluco a quien llamaban Herculina por su fuerza descomunal. Era la encargada de los casos difíciles, y dos reclusas habían muerto estranguladas con su brazo de oso polar adiestrado en el arte de matar por descuido. El primer caso se resolvió como un accidente comprobado. El segundo fue menos claro, y Herculina fue amonestada y advertida de que la próxima vez sería investigada a fondo. La versión corriente era que aquella oveja descarriada de una familia de apellidos grandes tenía una turbia carrera de accidentes dudosos en varios manicomios de España.

Para que María durmiera la primera noche, tuvieron que inyectarle un somnífero. Antes del amanecer, cuando la despertaron las ansias de fumar, estaba amarrada por las muñecas y los tobillos en las barras de la cama. Nadie acudió a sus gritos. Por la mañana, mientras el marido no encontraba en Barcelona ninguna pista de su paradero, tuvieron que llevarla a la enfermería, pues la encontraron sin sentido en un pantano de sus propias miserias.

No supo cuánto tiempo había pasado cuando volvió

en sí. Pero entonces el mundo era un remanso de amor, y estaba frente a su cama un anciano monumental, con una andadura de plantígrado y una sonrisa sedante, que con dos pases maestros le devolvió la dicha de vivir. Era el director del sanatorio.

Antes de decirle nada, sin saludarlo siquiera, María le pidió un cigarrillo. Él se lo dio encendido, y le regaló el paquete casi lleno. María no pudo reprimir el llanto.

—Aprovecha ahora para llorar cuanto quieras —le dijo el médico, con una voz adormecedora—. No hay mejor remedio que las lágrimas.

María se desahogó sin pudor, como nunca logró hacerlo con sus amantes casuales en los tedios de después del amor. Mientras la oía, el médico la peinaba con los dedos, le arreglaba la almohada para que respirara mejor, la guiaba por el laberinto de su incertidumbre con una sabiduría y una dulzura que ella no había soñado jamás. Era, por la primera vez en su vida, el prodigio de ser comprendida por un hombre que la escuchaba con toda el alma sin esperar la recompensa de acostarse con ella. Al cabo de una hora larga, desahogada a fondo, le pidió autorización para hablarle por teléfono a su marido.

El médico se incorporó con toda la majestad de su rango. «Todavía no, reina», le dijo, dándole en la mejilla la palmadita más tierna que había sentido nunca. «Todo se hará a su tiempo.» Le hizo desde la puerta una bendición episcopal, y desapareció para siempre.

—Confía en mí —le dijo.

Esa misma tarde María fue inscrita en el asilo con un número de serie, y con un comentario superficial sobre el enigma de su procedencia y las dudas sobre su identidad. Al margen quedó una calificación escrita de puño y letra del director: *agitada*.

Tal como María lo había previsto, el marido salió de su modesto apartamento del barrio de Horta con media hora de retraso para cumplir los tres compromisos. Era la primera vez que ella no llegaba a tiempo en casi dos años de una unión libre bien concertada, y él entendió el retraso por la ferocidad de las lluvias que asolaron la provincia aquel fin de semana. Antes de salir dejó un mensaje clavado en la puerta con el itinerario de la noche.

En la primera fiesta, con todos los niños disfrazados de canguro, prescindió del truco estelar de los peces invisibles porque no podía hacerlo sin la ayuda de ella. El segundo compromiso era en casa de una anciana de noventa y tres años, en silla de ruedas, que se preciaba de haber celebrado cada uno de sus últimos treinta cumpleaños con un mago distinto. Él estaba tan contrariado con la demora de María, que no pudo concentrarse en las suertes más simples. El tercer compromiso era el de todas las noches en un café concierto de las Ramblas, donde actuó sin inspiración para un grupo de turistas franceses que no pudieron creer lo que veían porque se negaban a creer en la magia. Después de cada representación llamó por teléfono a su casa, y esperó sin ilusiones a que María contestara. En la última ya no pudo reprimir la inquietud de que algo malo había ocurrido.

De regreso a casa en la camioneta adaptada para las funciones públicas vio el esplendor de la primavera en las palmeras del Paseo de Gracia, y lo estremeció el pensamiento aciago de cómo podría ser la ciudad sin María. La última esperanza se desvaneció cuando encontró su recado todavía prendido en la puerta. Estaba tan contrariado, que se olvidó de darle la comida al gato.

Sólo ahora que lo escribo caigo en la cuenta de que nunca supe cómo se llamaba en realidad, porque en Barcelona sólo lo conocíamos con su nombre profesional: Saturno el Mago. Era un hombre de carácter raro y con una torpeza social irredimible, pero el tacto y la gracia que le hacían falta le sobraban a María. Era ella quien lo llevaba de la mano en esta comunidad de grandes misterios, donde a nadie se le hubiera ocurrido llamar a nadie por teléfono después de la media noche para preguntar por su mujer. Saturno lo había hecho de recién venido y no quería recordarlo. Así que esa noche se conformó con llamar a Zaragoza, donde una abuela medio dormida le contestó sin alarma que María había partido después del almuerzo. No durmió más de una hora al amanecer. Tuvo un sueño cenagoso en el cual vio a María con un vestido de novia en piltrafas y salpicado de sangre, y despertó con la certidumbre pavorosa de que había vuelto a dejarlo solo, y ahora para siempre, en el vasto mundo sin ella.

Lo había hecho tres veces con tres hombres distintos, incluso él, en los últimos cinco años. Lo había abandonado en Ciudad de México a los seis meses de conocerse, cuando agonizaban de felicidad con un amor demente en un cuarto de servicio de la colonia Anzures. Una mañana María no amaneció en la casa después de una noche de abusos inconfesables. Dejó todo lo que era suyo, hasta el anillo de su matrimonio anterior, y una carta en la cual decía que no era capaz de sobrevivir al tormento de aquel amor desatinado. Saturno pensó que había vuelto con su primer esposo, un condiscípulo de la escuela secundaria con quien se casó a escondidas siendo menor de edad, y al cual abandonó por otro al cabo de dos años sin amor. Pero no: había vuelto a casa de sus padres, y allí fue Saturno a buscarla a cualquier precio. Le rogó sin condiciones, le prometió mucho más de lo que estaba resuelto a cumplir, pero tropezó con una determinación invencible. «Hay amores cortos y hay amores largos», le dijo ella. Y concluyó sin misericordia: «Este fue corto». Él se rindió ante su rigor. Sin embargo, una madrugada de Todos los Santos, al volver a su cuarto de huérfano después de casi un año de olvido, la encontró dormida en el sofá de la sala con la corona de azahares y la larga cola de espuma de las novias vírgenes.

María le contó la verdad. El nuevo novio, viudo, sin hijos, con la vida resuelta y la disposición de casarse para siempre por la iglesia católica, la había dejado vestida y esperándolo en el altar. Sus padres decidieron hacer la fiesta de todos modos. Ella siguió el juego. Bailó, cantó con los mariachis, se pasó de tragos, y en un terrible estado de remordimientos tardíos se fue a la media noche a buscar a Saturno.

No estaba en casa, pero encontró las llaves en la maceta de flores del corredor, donde las escondieron siempre. Esta vez fue ella quien se le rindió sin condiciones. «¿Y ahora hasta cuándo?», le preguntó él. Ella le contestó con un verso de Vinicius de Moraes: «El amor es eterno mientras dura». Dos años después, seguía siendo eterno.

María pareció madurar. Renunció a sus sueños de actriz y se consagró a él, tanto en el oficio como en la cama. A fines del año anterior habían asistido a un congreso de magos en Perpignan, y de regreso conocieron a Barcelona. Les gustó tanto que llevaban ocho meses aquí, y les iba tan bien, que habían comprado un apartamento en el muy catalán barrio de Horta, ruidoso y sin portero, pero con espacio de sobra para cinco hijos. Había sido la felicidad posible, hasta el fin de semana en que ella alquiló un automóvil y se fue a visitar a sus parientes de Zaragoza con la promesa de volver a las siete de la noche del lunes. Al amanecer del jueves todavía no había dado señales de vida.

El lunes de la semana siguiente la compañía de seguros del automóvil alquilado llamó por teléfono a la casa para preguntar por María. «No sé nada», dijo Saturno. «Búsquenla en Zaragoza.» Colgó. Una semana después un policía civil fue a la casa con la noticia de que habían hallado el automóvil en los puros huesos, en un atajo cerca de Cádiz, a novecientos kilómetros del lugar en que María lo abandonó. El agente quería saber si ella tenía más detalles del robo. Saturno estaba dándole de comer al gato, y apenas si lo miró para decirle sin más vueltas que no perdieran el tiempo, pues su mujer se había fugado de la casa y él no sabía con quién ni para dónde. Era tal su convicción, que el agente se sintió incómodo y le pidió perdón por sus preguntas. El caso se declaró cerrado.

El recelo de que María pudiera irse otra vez había asaltado a Saturno por Pascua Florida en Cadaqués, adonde Rosa Regàs los había invitado a navegar a vela. Estábamos en el *Marítim*, el populoso y sórdido bar de la *gauche divine* en el crepúsculo del franquismo, alrededor de una de aquellas mesas de hierro con sillas de hierro donde sólo cabíamos seis a duras penas y nos sentábamos veinte. Después de agotar la segunda cajetilla de cigarrillos de la jornada, María se encontró sin fósforos. Un brazo escuálido de vellos viriles con una esclava de bronce romano se abrió paso entre el tumulto de la mesa, y le dio fuego. Ella lo agradeció sin mirar a quién, pero Saturno el Mago lo vio. Era un adolescente óseo y lampiño, de una palidez de muerto y una cola de caballo muy negra que le daba a la cintura. Los cristales del bar soportaban apenas la furia de la tramontana de primavera, pero él iba vestido con una especie de piyama callejero de algodón crudo, y unas abarcas de labrador.

No volvieron a verlo hasta fines del otoño, en un hostal de mariscos de la Barceloneta, con el mismo conjunto de zaraza ordinaria y una larga trenza en vez de la cola de caballo. Los saludó a ambos como a viejos amigos, y por el modo como besó a María, y por el modo como ella le correspondió, a Saturno lo fulminó la sospecha de que habían estado viéndose a escondidas. Días después encontró por casualidad un nombre nuevo y un número de teléfono escritos por María en el directorio doméstico, y la inclemente lucidez de los celos le reveló de quién eran. El prontuario social del intruso acabó de rematarlo: veintidós años, hijo único de ricos, decorador de vitrinas de moda, con una fama fácil de bisexual y un prestigio bien fundado como consolador de alquiler de señoras casadas. Pero logró sobreponerse hasta la noche en que María no volvió a casa. Entonces empezó a llamarlo por teléfono todos los días, primero cada dos o tres horas, desde las seis de la mañana hasta la madrugada siguiente, y después cada vez que encontraba un teléfono a la mano. El hecho de que nadie contestara aumentaba su martirio.

Al cuarto día le contestó una andaluza que sólo iba a hacer la limpieza. «El señorito se ha ido», le dijo, con suficiente vaguedad para enloquecerlo. Saturno no resistió la tentación de preguntarle si por casualidad no estaba ahí la señorita María.

—Aquí no vive ninguna María —le dijo la mujer—. El señorito es soltero.

—Ya lo sé —le dijo él—. No vive, pero a veces va. ¿O no?

La mujer se encabritó.

—¿Pero quién coño habla ahí?

Saturno colgó. La negativa de la mujer le pareció una confirmación más de lo que ya no era para él una sospecha sino una certidumbre ardiente. Perdió el control. En los días siguientes llamó por orden alfabético a todos los conocidos de Barcelona. Nadie le dio razón, pero cada llamada le agravó la desdicha, porque sus delirios de celos eran ya célebres entre los trasnochadores impenitentes de la *gauche divine*, y le contestaban con cualquier broma que lo hiciera sufrir. Sólo entonces comprendió hasta qué punto estaba solo en aquella ciudad hermosa, lunática e impenetrable, en la que nunca sería feliz. Por la madrugada, después de darle de comer al gato, se apretó el corazón para no morir, y tomó la determinación de olvidar a María.

A los dos meses, María no se había adaptado aún a

la vida del sanatorio. Sobrevivía picoteando apenas la pitanza de cárcel con los cubiertos encadenados al mesón de madera bruta, y la vista fija en la litografía del general Francisco Franco que presidía el lúgubre comedor medieval. Al principio se resistía a las horas canónicas con su rutina bobalicona de maitines, laudes, vísperas, y a otros oficios de iglesia que ocupaban la mayor parte del tiempo. Se negaba a jugar a la pelota en el patio de recreo, y a trabajar en el taller de flores artificiales que un grupo de reclusas atendía con una diligencia frenética. Pero a partir de la tercera semana fue incorporándose poco a poco a la vida del claustro. A fin de cuentas, decían los médicos, así empezaban todas, y tarde o temprano terminaban por integrarse a la comunidad.

La falta de cigarrillos, resuelta en los primeros días por una guardiana que los vendía a precio de oro, volvió a atormentarla cuando se le agotó el poco dinero que llevaba. Se consoló después con los cigarros de papel periódico que algunas reclusas fabricaban con las colillas recogidas en la basura, pues la obsesión de fumar había llegado a ser tan intensa como la del teléfono. Las pesetas exiguas que se ganó más tarde fabricando flores artificiales le permitieron un alivio efímero.

Lo más duro era la soledad de las noches. Muchas reclusas permanecían despiertas en la penumbra, como ella, pero sin atreverse a nada, pues la guardiana nocturna velaba también en el portón cerrado con cadena y candado. Una noche, sin embargo, abrumada por la pesadumbre, María preguntó con voz suficiente para que la oyera su vecina de cama:

—¿Dónde estamos?

La voz grave y lúcida de la vecina le contestó:

—En los profundos infiernos.

—Dicen que esta es tierra de moros —dijo otra voz distante que resonó en el ámbito del dormitorio—. Y debe ser cierto, porque en verano, cuando hay luna, se oyen los perros ladrándole a la mar.

Se oyó la cadena en las argollas como un ancla de galeón, y la puerta se abrió. La cancerbera, el único ser que parecía vivo en el silencio instantáneo, empezó a pasearse de un extremo al otro del dormitorio. María se sobrecogió, y sólo ella sabía por qué.

Desde su primera semana en el sanatorio, la vigilante nocturna le había propuesto sin rodeos que durmiera con ella en el cuarto de guardia. Empezó con un tono de negocio concreto: trueque de amor por cigarrillos, por chocolates, por lo que fuera. «Tendrás todo», le decía, trémula. «Serás la reina.» Ante el rechazo de María, la guardiana cambió de método. Le dejaba papelitos de amor debajo de la almohada, en los bolsillos de la bata, en los sitios menos pensados. Eran mensajes de un apremio desgarrador capaz de estremecer a las piedras. Hacía más de un mes que parecía resignada a la derrota, la noche en que se promovió el incidente en el dormitorio.

Cuando estuvo convencida de que todas las reclusas dormían, la guardiana se acercó a la cama de María, y murmuró en su oído toda clase de obscenidades tiernas, mientras le besaba la cara, el cuello tenso de terror, los brazos yertos, las piernas exhaustas. Por último, creyendo tal vez que la parálisis de María no era de miedo sino de complacencia, se atrevió a ir más lejos. María le soltó entonces un golpe con el revés de la mano que la mandó contra la cama vecina. La guardiana se incorporó furibunda en medio del escándalo de las reclusas alborotadas.

—Hija de puta —gritó—. Nos pudriremos juntas en este chiquero hasta que te vuelvas loca por mí.

El verano llegó sin anunciarse el primer domingo de junio, y hubo que tomar medidas de emergencia, porque las reclusas sofocadas empezaban a quitarse durante la misa los balandranes de estameña. María asistió divertida al espectáculo de las enfermas en pelota que las guardianas correteaban por las naves como gallinas ciegas. En medio de la confusión, trató de protegerse de los golpes perdidos, y sin saber cómo se encontró sola en una oficina abandonada, y con un teléfono que repicaba sin cesar con un timbre de súplica. María contestó sin pensarlo, y oyó una voz lejana y sonriente que se entretenía imitando el servicio telefónico de la hora:

—Son las cuarenta y cinco horas, noventa y dos minutos y ciento siete segundos.

—Maricón —dijo María.

Colgó divertida. Ya se iba, cuando cayó en la cuenta de que estaba dejando escapar una ocasión irrepetible. Entonces marcó seis cifras, con tanta tensión y tanta prisa, que no estuvo segura de que fuera el número de su casa. Esperó con el corazón desbocado, oyó el timbre familiar con su tono ávido y triste, una vez, dos veces, tres veces, y oyó por fin la voz del hombre de su vida en la casa sin ella.

—¿Bueno?

Tuvo que esperar a que pasara la pelota de lágrimas que se le formó en la garganta.

—Conejo, vida mía —suspiró.

Las lágrimas la vencieron. Al otro lado de la línea hubo un breve silencio de espanto, y la voz enardecida por los celos escupió la palabra:

—¡Puta!

Y colgó en seco.

Esta noche, en un ataque frenético, María descolgó en el refectorio la litografía del generalísimo, la arrojó con todas sus fuerzas contra el vitral del jardín, y se derrumbó bañada en sangre. Aún le sobró rabia para enfrentarse a golpes con los guardianes que trataron de someterla, sin lograrlo, hasta que vio a Herculina plantada en el vano de la puerta, con los brazos cruzados, mirándola. Se rindió. No obstante, la arrastraron hasta el pabellón de las locas furiosas, la aniquilaron con una manguera de agua helada, y le inyectaron trementina en las piernas. Impedida para caminar por la inflamación provocada, María se dio cuenta de que no había nada en el mundo que no fuera capaz de hacer por escapar de aquel infierno. La semana siguiente, ya de regreso al dormitorio común, se levantó en puntillas y tocó en la celda de la guardiana nocturna.

El precio de María, exigido por ella de antemano, fue llevarle un mensaje a su marido. La guardiana aceptó, siempre que el trato se mantuviera en secreto absoluto. Y la apuntó con un índice inexorable.

—Si alguna vez se sabe, te mueres.

Así que Saturno el Mago fue al sanatorio de locas el sábado siguiente, con la camioneta de circo preparada para celebrar el regreso de María. El director en persona lo recibió en su oficina, tan limpia y ordenada como un barco de guerra, y le hizo un informe afectuoso sobre el estado de la esposa. Nadie sabía de dónde llegó, ni cómo ni cuándo, pues el primer dato de su ingreso era el registro oficial dictado por él cuando la entrevistó. Una investigación iniciada el mismo día no había concluido en nada. En todo caso, lo que más intrigaba al director era cómo supo Saturno el paradero de su esposa. Saturno protegió a la guardiana.

—Me lo informó la compañía de seguros del coche —dijo.

El director asintió complacido. «No sé cómo hacen los seguros para saberlo todo», dijo. Le dio una ojeada al expediente que tenía sobre su escritorio de asceta, y concluyó:

—Lo único cierto es la gravedad de su estado.

Estaba dispuesto a autorizarle una visita con las precauciones debidas si Saturno el Mago le prometía, por el bien de su esposa, ceñirse a la conducta que él le indicara. Sobre todo en la manera de tratarla, para evitar que recayera en sus arrebatos de furia cada vez más frecuentes y peligrosos.

—Es raro —dijo Saturno—. Siempre fue de genio fuerte, pero de mucho dominio.

El médico hizo un ademán de sabio. «Hay conductas que permanecen latentes durante muchos años, y un día estallan», dijo. «Con todo, es una suerte que haya caído aquí, porque somos especialistas en casos que requieren mano dura.» Al final hizo una advertencia sobre la rara obsesión de María por el teléfono.

—Sígale la corriente —dijo.

—Tranquilo, doctor —dijo Saturno con un aire alegre—. Es mi especialidad.

La sala de visitas, mezcla de cárcel y confesionario, era el antiguo locutorio del convento. La entrada de Saturno no fue la explosión de júbilo que ambos hubieran podido esperar. María estaba de pie en el centro del salón, junto a una mesita con dos sillas y un florero sin flores. Era evidente que estaba lista para irse, con su lamentable abrigo color de fresa y unos zapatos sórdidos que le habían dado de caridad. En un rincón, casi invisible, estaba Herculina con los brazos cruzados. María no se movió al ver entrar al esposo ni asomó emoción alguna en la cara todavía salpicada por los estragos del vitral. Se dieron un beso de rutina.

—¿Cómo te sientes? —le preguntó él.

—Feliz de que al fin hayas venido, conejo —dijo ella—. Esto ha sido la muerte.

No tuvieron tiempo de sentarse. Ahogándose en lágrimas, María le contó las miserias del claustro, la barbarie de las guardianas, la comida de perros, las noches interminables sin cerrar los ojos por el terror.

—Ya no sé cuántos días llevo aquí, o meses o años, pero sé que cada uno ha sido peor que el otro —dijo, y suspiró con el alma—: Creo que nunca volveré a ser la misma.

—Ahora todo eso pasó —dijo él, acariciándole con la yema de los dedos las cicatrices recientes de la cara—. Yo seguiré viniendo todos los sábados. Y más, si el director me lo permite. Ya verás que todo va a salir muy bien.

Ella fijó en los ojos de él sus ojos aterrados. Saturno intentó sus artes de salón. Le contó, en el tono pueril de las grandes mentiras, una versión dulcificada de los pronósticos del médico. «En síntesis», concluyó, «aún te faltan algunos días para estar recuperada por completo». María entendió la verdad.

—¡Por Dios, conejo! —dijo, atónita—. ¡No me digas que tú también crees que estoy loca!

—¡Cómo se te ocurre! —dijo él, tratando de reír—. Lo que pasa es que será mucho más conveniente para todos que sigas por un tiempo aquí. En mejores condiciones, por supuesto.

—¡Pero si ya te dije que sólo vine a hablar por teléfono! —dijo María.

Él no supo cómo reaccionar ante la obsesión temible. Miró a Herculina. Ésta aprovechó la mirada para indicarle en su reloj de pulso que era tiempo de terminar la visita. María interceptó la señal, miró hacia atrás, y vio a Herculina en la tensión del asalto inminente. Entonces se aferró al cuello del marido gritando como una verdadera loca. Él se la quitó de encima con tanto amor como pudo, y la dejó a merced de Herculina, que le saltó por la espalda. Sin darle tiempo para reaccionar le aplicó una llave con la mano izquierda, le pasó el otro brazo de hierro alrededor del cuello, y le gritó a Saturno el Mago:

—¡Váyase!

Saturno huyó despavorido.

Sin embargo, el sábado siguiente, ya repuesto del espanto de la visita, volvió al sanatorio con el gato vestido igual que él: la malla roja y amarilla del gran Leotardo, el sombrero de copa y una capa de vuelta y media que parecía para volar. Entró con la camioneta de feria hasta el patio del claustro, y allí hizo una función prodigiosa de casi tres horas que las reclusas gozaron desde los balcones, con gritos discordantes y ovaciones inoportunas. Estaban todas, menos María, que no sólo se negó a recibir al marido, sino inclusive a verlo desde los balcones. Saturno se sintió herido de muerte.

—Es una reacción típica —lo consoló el director—. Ya pasará.

Pero no pasó nunca. Después de intentar muchas veces ver de nuevo a María, Saturno hizo lo imposible por que le recibiera una carta, pero fue inútil. Cuatro veces la devolvió cerrada y sin comentarios. Saturno desistió, pero siguió dejando en la portería del hospital las raciones de cigarrillos, sin saber siquiera si le llegaban a María, hasta que lo venció la realidad.

Nunca más se supo de él, salvo que volvió a casarse y regresó a su país. Antes de irse de Barcelona le dejó el gato medio muerto de hambre a una noviecita casual, que además se comprometió a seguir llevándole los cigarrillos a María. Pero también ella desapareció. Rosa Regàs recordaba haberla visto en El Corte Inglés, hace unos doce años, con la cabeza rapada y el balandrán anaranjado de alguna sección oriental, y encinta a más no poder. Ella le contó que había seguido llevándole los cigarrillos a María, siempre que pudo, y resolviéndole algunas urgencias imprevistas, hasta un día en que sólo encontró los escombros del hospital, demolido como un mal recuerdo de aquellos tiempos ingratos. María le pareció muy lúcida la última vez que la vio, un poco pasada de peso y contenta con la paz del claustro. Ese día le llevó también el gato, porque ya se le había acabado el dinero que Saturno le dejó para darle de comer.

Abril 1978.

Espantos de agosto

Llegamos a Arezzo un poco antes del medio día, y perdimos más de dos horas buscando el castillo renacentista que el escritor venezolano Miguel Otero Silva había comprado en aquel recodo idílico de la campiña toscana. Era un domingo de principios de agosto, ardiente y bullicioso, y no era fácil encontrar a alguien que supiera algo en las calles abarrotadas de turistas. Al cabo de muchas tentativas inútiles volvimos al automóvil, abandonamos la ciudad por un sendero de cipreses sin indicaciones viales, y una vieja pastora de gansos nos indicó con precisión dónde estaba el castillo. Antes de despedirse nos preguntó si pensábamos dormir allí, y le contestamos, como lo teníamos previsto, que sólo íbamos a almorzar.

—Menos mal —dijo ella— porque en esa casa espantan.

Mi esposa y yo, que no creemos en aparecidos del medio día, nos burlamos de su credulidad. Pero nuestros dos hijos, de nueve y siete años, se pusieron dichosos con la idea de conocer un fantasma de cuerpo presente.

Miguel Otero Silva, que además de buen escritor era un anfitrión espléndido y un comedor refinado, nos esperaba con un almuerzo de nunca olvidar. Como se nos había hecho tarde no tuvimos tiempo de conocer el interior del castillo antes de sentarnos a la mesa, pero su aspecto desde fuera no tenía nada de pavoroso, y cualquier inquietud se disipaba con la visión completa de la ciudad desde la terraza florida donde estábamos almorzando. Era difícil creer que en aquella colina de casas encaramadas, donde apenas cabían noventa mil personas, hubieran nacido tantos hombres de genio perdurable. Sin embargo, Miguel Otero Silva nos dijo con su humor caribe que ninguno de tantos era el más insigne de Arezzo.

—El más grande —sentenció— fue Ludovico.

Así, sin apellidos: Ludovico, el gran señor de las artes y de la guerra, que había construido aquel castillo de su desgracia, y de quien Miguel nos habló durante todo el almuerzo. Nos habló de su poder inmenso, de su amor contrariado y de su muerte espantosa. Nos contó cómo fue que en un instante de locura del corazón había apuñalado a su dama en el lecho donde acababan de amarse, y luego azuzó contra sí mismo a sus feroces perros de guerra que lo despedazaron a dentelladas. Nos aseguró, muy en serio, que a partir de la media noche el espectro de Ludovico deambulaba por la casa en tinieblas tratando de conseguir el sosiego en su purgatorio de amor.

El castillo, en realidad, era inmenso y sombrío. Pero a pleno día, con el estómago lleno y el corazón contento, el relato de Miguel no podía parecer sino una broma como tantas otras suyas para entretener a sus invitados. Los ochenta y dos cuartos que recorrimos sin asombro después de la siesta, habían padecido toda clase de mudanzas de sus dueños sucesivos. Miguel había restaurado por completo la planta baja y se había hecho construir un dormitorio moderno con suelos de mármol e instalaciones para sauna y cultura física, y la terraza de flores intensas donde habíamos almorzado. La segunda planta, que había sido la más usada en el curso de los siglos, era una sucesión de cuartos sin ningún carácter, con muebles de diferentes épocas abandonados a su suerte. Pero en la última se conservaba una habitación intacta por donde el tiempo se había olvidado de pasar. Era el dormitorio de Ludovico.

Fue un instante mágico. Allí estaba la cama de cortinas bordadas con hilos de oro, y el sobrecama de prodigios de pasamanería todavía acartonado por la sangre seca de la amante sacrificada. Estaba la chimenea con las cenizas heladas y el último leño convertido en piedra, el armario con sus armas bien cebadas, y el retrato al óleo del caballero pensativo en un marco de oro, pintado por alguno de los maestros florentinos que no tuvieron la fortuna de sobrevivir a su tiempo. Sin embargo, lo que más me impresionó fue el olor de fresas recientes que permanecía estancado sin explicación posible en el ámbito del dormitorio.

Los días del verano son largos y parsimoniosos en la Toscana, y el horizonte se mantiene en su sitio hasta las nueve de la noche. Cuando terminamos de conocer el castillo eran más de las cinco, pero Miguel insistió en llevarnos a ver los frescos de Piero della Francesca en la Iglesia de San Francisco, luego nos tomamos un café bien conversado bajo las pérgolas de la plaza, y cuando regresamos para recoger las maletas encontramos la cena servida. De modo que nos quedamos a cenar.

Mientras lo hacíamos, bajo un cielo malva con una sola estrella, los niños prendieron unas antorchas en la cocina, y se fueron a explorar las tinieblas en los pisos altos. Desde la mesa oíamos sus galopes de caballos cerreros por las escaleras, los lamentos de las puertas, los gritos felices llamando a Ludovico en los cuartos tenebrosos. Fue a ellos a quienes se les ocurrió la mala idea de quedarnos a dormir. Miguel Otero Silva los apoyó encantado, y nosotros no tuvimos el valor civil de decirles que no.

Al contrario de lo que yo temía, dormimos muy bien, mi esposa y yo en un dormitorio de la planta baja y mis hijos en el cuarto contiguo. Ambos habían sido modernizados y no tenían nada de tenebrosos. Mientras trataba de conseguir el sueño conté los doce toques insomnes del reloj de péndulo de la sala, y me acordé de la advertencia pavorosa de la pastora de gansos. Pero estábamos tan cansados que nos dormimos muy pronto, en un sueño denso y continuo, y desperté después de las siete con un sol espléndido entre las enredaderas de la ventana. A mi lado, mi esposa navegaba en el mar apacible de los inocentes. «Qué tontería —me dije—, que alguien siga creyendo en fantasmas por estos tiempos.» Sólo entonces me estremeció el olor de fresas recién cortadas, y vi la chimenea con las cenizas frías y el último leño convertido en piedra, y el retrato del caballero triste que nos miraba desde tres siglos antes en el marco de oro. Pues no estábamos en la alcoba de la planta baja donde nos habíamos acostado la noche anterior, sino en el dormitorio de Ludovico, bajo la cornisa y las cortinas polvorientas y las sábanas empapadas de sangre todavía caliente de su cama maldita.

Octubre 1980.

María dos Prazeres

El hombre de la agencia funeraria llegó tan puntual, que María dos Prazeres estaba todavía en bata de baño y con la cabeza llena de tubos rizadores, y apenas si tuvo tiempo de ponerse una rosa roja en la oreja para no parecer tan indeseable como se sentía. Se lamentó aún más de su estado cuando abrió la puerta y vio que no era un notario lúgubre, como ella suponía que debían ser los comerciantes de la muerte, sino un joven tímido con una chaqueta a cuadros y una corbata con pájaros de colores. No llevaba abrigo, a pesar de la primavera incierta de Barcelona, cuya llovizna de vientos sesgados la hacía casi siempre menos tolerable que el invierno. María dos Prazeres, que había recibido a tantos hombres a cualquier hora, se sintió avergonzada como muy pocas veces. Acababa de cumplir setenta y seis años y estaba convencida de que se iba a morir antes de Navidad, y aun así estuvo a punto de cerrar la puerta y pedirle al vendedor de entierros que esperara un instante mientras se vestía para recibirlo de acuerdo con sus méritos. Pero luego pensó que se iba a helar en el rellano oscuro, y lo hizo pasar adelante.

—Perdóneme esta facha de murciélago —dijo—, pero llevo más de cincuenta años en Catalunya, y es la primera vez que alguien llega a la hora anunciada.

Hablaba un catalán perfecto con una pureza un poco arcaica, aunque todavía se le notaba la música de su portugués olvidado. A pesar de sus años y con sus bucles de alambre seguía siendo una mulata esbelta y vivaz, de cabello duro y ojos amarillos y encarnizados, y hacía ya mucho tiempo que había perdido la compasión por los hombres. El vendedor, deslumbrado aún por la claridad de la calle, no hizo ningún comentario sino que se limpió la suela de los zapatos en la esterilla de yute y le besó la mano con una reverencia.

—Eres un hombre como los de mis tiempos —dijo María dos Prazeres con una carcajada de granizo—. Siéntate.

Aunque era nuevo en el oficio, él lo conocía bastante bien para no esperar aquella recepción festiva a las ocho de la mañana, y menos de una anciana sin misericordia que a primera vista le pareció una loca fugitiva de las Américas. Así que permaneció a un paso de la puerta sin saber qué decir, mientras María dos Prazeres descorría las gruesas cortinas de peluche de las ventanas. El tenue resplandor de abril iluminó apenas el ámbito meticuloso de la sala que más bien parecía la vitrina de un anticuario. Eran cosas de uso cotidiano, ni una más ni una menos, y cada una parecía puesta en su espacio natural, y con un gusto tan certero que habría sido difícil encontrar otra casa mejor servida aun en una ciudad tan antigua y secreta como Barcelona.

—Perdóneme —dijo—. Me he equivocado de puerta.

—Ojalá —dijo ella—, pero la muerte no se equivoca.

El vendedor abrió sobre la mesa del comedor un gráfico con muchos pliegues como una carta de marear con parcelas de colores diversos y numerosas cruces y cifras en cada color. María dos Prazeres comprendió que era el plano completo del inmenso panteón de Montjuïc, y se acordó con un horror muy antiguo del cementerio de Manaos bajo los aguaceros de octubre, donde chapaleaban los tapires entre túmulos sin nombres y mausoleos de aventureros con vitrales florentinos. Una mañana, siendo muy niña, el Amazonas desbordado amaneció convertido en una ciénaga nauseabunda, y ella había visto los ataúdes rotos flotando en el patio de su casa con pedazos de trapos y cabellos de muertos en las grietas. Aquel recuerdo era la causa de que hubiera elegido el cerro de Montjuïc para descansar en paz, y no el pequeño cementerio de San Gervasio, tan cercano y familiar.

—Quiero un lugar donde nunca lleguen las aguas —dijo.

—Pues aquí es —dijo el vendedor, indicando el sitio en el mapa con un puntero extensible que llevaba en el bolsillo como una estilográfica de acero—. No hay mar que suba tanto.

Ella se orientó en el tablero de colores hasta encontrar la entrada principal, donde estaban las tres tumbas contiguas, idénticas y sin nombres donde yacían Buenaventura Durruti y otros dos dirigentes anarquistas muertos en la Guerra Civil. Todas las noches alguien escribía los nombres sobre las lápidas en blanco. Los escribían con lápiz, con pintura, con carbón, con creyón de cejas o esmalte de uñas, con todas sus letras y en el orden correcto, y todas las mañanas los celadores los borraban para que nadie supiera quién era quién bajo los mármoles mudos. María dos Prazeres había asistido al entierro de Durruti, el más triste y tumultuoso de cuantos hubo jamás en Barcelona, y quería reposar cerca de su tumba. Pero no había ninguna disponible en el vasto panteón sobrepoblado. De modo que se resignó a lo posible. «Con la condición —dijo— de que no me vayan a meter en una de esas gavetas de cinco años donde una queda como en el correo.» Luego, recordando de pronto el requisito esencial, concluyó:

—Y sobre todo, que me entierren acostada.

En efecto, como réplica a la ruidosa promoción de tumbas vendidas con cuotas anticipadas, circulaba el rumor de que se estaban haciendo enterramientos verticales para economizar espacio. El vendedor explicó, con la precisión de un discurso aprendido de memoria, y muchas veces repetido, que esa versión era un infundio perverso de las empresas funerarias tradicionales para desacreditar la novedosa promoción de las tumbas a plazos. Mientras lo explicaba llamaron a la puerta con tres golpecitos discretos, y él hizo una pausa incierta, pero María dos Prazeres le indicó que siguiera.

—No se preocupe —dijo en voz muy baja—. Es el Noi.

El vendedor retomó el hilo, y María dos Prazeres quedó satisfecha con la explicación. Sin embargo, antes de abrir la puerta quiso hacer una síntesis final de un pensamiento que había madurado en su corazón durante muchos años, y hasta en sus pormenores más íntimos, desde la legendaria creciente de Manaos.

—Lo que quiero decir —dijo— es que busco un lugar donde esté acostada bajo la tierra, sin riesgos de inundaciones y si es posible a la sombra de los árboles en verano, y donde no me vayan a sacar después de cierto tiempo para tirarme en la basura.

Abrió la puerta de la calle y entró un perrito de aguas empapado por la llovizna, y con un talante de perdulario que no tenía nada que ver con el resto de la casa. Regresaba del paseo matinal por el vecindario, y al entrar padeció un arrebato de alborozo. Saltó sobre la mesa ladrando sin sentido y estuvo a punto de estropear el plano del cementerio con las patas sucias de barro. Una sola mirada de la dueña bastó para moderar sus ímpetus.

—¡Noi! —le dijo sin gritar—. *¡Baixa d'ací!*

El animal se encogió, la miró asustado, y un par de lágrimas nítidas resbalaron por su hocico. Entonces María dos Prazeres volvió a ocuparse del vendedor, y lo encontró perplejo.

—*¡Collons!* —exclamó él—. ¡Ha llorado!

—Es que está alborotado por encontrar alguien aquí a esta hora —lo disculpó María dos Prazeres en voz baja—. En general, entra en la casa con más cuidado que los hombres. Salvo tú, como ya he visto.

—¡Pero ha llorado, coño! —repitió el vendedor, y enseguida cayó en la cuenta de su incorrección y se excusó ruborizado—: Usted perdone, pero es que esto no se ha visto ni en el cine.

—Todos los perros pueden hacerlo si los enseñan —dijo ella—. Lo que pasa es que los dueños se pasan la vida educándolos con hábitos que los hacen sufrir, como comer en platos o hacer sus porquerías a sus horas y en el mismo sitio. Y en cambio no les enseñan las cosas naturales que les gustan, como reír y llorar. ¿Por dónde íbamos?

Faltaba muy poco. María dos Prazeres tuvo que resignarse también a los veranos sin árboles, porque los únicos que había en el cementerio tenían las sombras reservadas para los jerarcas del régimen. En cambio, las condiciones y las fórmulas del contrato eran superfluas, porque ella quería beneficiarse del descuento por el pago anticipado y en efectivo.

Sólo cuando habían terminado, y mientras guardaba otra vez los papeles en la cartera, el vendedor examinó la casa con una mirada consciente y lo estremeció el aliento mágico de su belleza. Volvió a mirar a María dos Prazeres como si fuera por primera vez.

—¿Puedo hacerle una pregunta indiscreta? —preguntó él.

Ella lo dirigió hacia la puerta.

—Por supuesto —le dijo—, siempre que no sea la edad.

—Tengo la manía de adivinar el oficio de la gente por las cosas que hay en su casa, y la verdad es que aquí no acierto —dijo él—. ¿Qué hace usted?

María dos Prazeres le contestó muerta de risa:

—Soy puta, hijo. ¿O es que ya no se me nota?

El vendedor enrojeció.

—Lo siento.

—Más debía sentirlo yo —dijo ella, tomándolo del brazo para impedir que se descalabrara contra la puerta—. ¡Y ten cuidado! No te rompas la crisma antes de dejarme bien enterrada.

Tan pronto como cerró la puerta cargó el perrito y empezó a mimarlo, y se sumó con su hermosa voz africana a los coros infantiles que en aquel momento empezaron a oírse en el parvulario vecino. Tres meses antes había tenido en sueños la revelación de que iba a morir, y desde entonces se sintió más ligada que nunca a aquella criatura de su soledad. Había previsto con tanto cuidado la repartición póstuma de sus cosas y el destino de su cuerpo, que en ese instante hubiera podido morirse sin estorbar a nadie. Se había retirado por voluntad propia con una fortuna atesorada piedra sobre piedra pero sin sacrificios demasiado amargos, y había escogido como refugio final el muy antiguo y noble pueblo de Gràcia, ya digerido por la expansión de la ciudad. Había comprado el entresuelo en ruinas, siempre oloroso a arenques ahumados, cuyas paredes carcomidas por el salitre conservaban todavía los impactos de algún combate sin gloria. No había portero, y en las escaleras húmedas y tenebrosas faltaban algunos peldaños, aunque todos los pisos estaban ocupados. María dos Prazeres hizo renovar el baño y la cocina, forró las paredes con colgaduras de colores alegres y puso vidrios biselados y cortinas de terciopelo en las ventanas. Por último llevó los muebles primorosos, las cosas de servicio y decoración y los arcones de sedas y brocados que los fascistas robaban de las residencias abandonadas por los republicanos en la estampida de la derrota, y que ella había ido comprando poco a poco, durante muchos años, a precios de ocasión y en remates secretos. El único vínculo que le quedó con el pasado fue su amistad con el conde de Cardona, que siguió visitándola el último viernes de cada mes para cenar con ella y hacer un lánguido amor de sobremesa. Pero aun aquella amistad de la juventud se mantuvo en reserva, pues el conde dejaba el automóvil con sus insignias heráldicas a una distancia más que prudente, y se llegaba hasta su entresuelo caminando por la sombra, tanto por proteger la honra de ella como la suya propia. María dos Prazeres no conocía a nadie en el edificio, salvo en la puerta de enfrente, donde vivía desde hacía poco una pareja muy joven con una niña de nueve años. Le parecía increíble, pero era cierto, que nunca se hubiera cruzado con nadie más en las escaleras.

Sin embargo, la repartición de su herencia le demostró que estaba más implantada de lo que ella misma suponía en aquella comunidad de catalanes crudos cuya honra nacional se fundaba en el pudor. Hasta las baratijas más insignificantes las había repartido entre la gente que estaba más cerca de su corazón, que era la que estaba más cerca de su casa. Al final no se sentía muy convencida de haber sido justa, pero en cambio estaba segura de no haberse olvidado de nadie que no lo mereciera. Fue un acto preparado con tanto rigor que el notario de la calle del Árbol, que se preciaba de haberlo visto todo, no podía darle crédito a sus ojos cuando la vio dictando de memoria a sus amanuenses la lista minuciosa de sus bienes, con el nombre preciso de cada cosa en catalán medieval, y la lista completa de los herederos con sus oficios y direcciones, y el lugar que ocupaban en su corazón.

Después de la visita del vendedor de entierros terminó por convertirse en uno más de los numerosos visitantes dominicales del cementerio. Al igual que sus vecinos de tumba sembró flores de cuatro estaciones en los canteros, regaba el césped recién nacido y lo igualaba con tijera de podar hasta dejarlo como las alfombras de la alcaldía, y se familiarizó tanto con el lugar que terminó por no entender cómo fue que al principio le pareció tan desolado.

En su primera visita, el corazón le había dado un salto cuando vio junto al portal las tres tumbas sin nombres, pero no se detuvo siquiera a mirarlas, porque a pocos pasos de ella estaba el vigilante insomne. Pero el tercer domingo aprovechó un descuido para cumplir uno más de sus grandes sueños, y con el carmín de labios escribió en la primera lápida lavada por la lluvia: *Durruti*. Desde entonces, siempre que pudo volvió a hacerlo, a veces en una tumba, en dos o en las tres, y siempre con el pulso firme y el corazón alborotado por la nostalgia.

Un domingo de fines de septiembre presenció el primer entierro en la colina. Tres semanas después, una tarde de vientos helados, enterraron a una joven recién casada en la tumba vecina de la suya. A fin de año, siete parcelas estaban ocupadas, pero el invierno efímero pasó sin alterarla. No sentía malestar alguno, y a medida que aumentaba el calor y entraba el ruido torrencial de la vida por las ventanas abiertas se encontraba con más ánimos para sobrevivir a los enigmas de sus sueños. El conde de Cardona, que pasaba en la montaña los meses de más calor, la encontró a su regreso más atractiva aún que en su sorprendente juventud de los cincuenta años.

Al cabo de muchas tentativas frustradas, María dos Prazeres consiguió que Noi distinguiera su tumba en la extensa colina de tumbas iguales. Luego se empeñó en enseñarlo a llorar sobre la sepultura vacía para que siguiera haciéndolo por costumbre después de su muerte. Lo llevó varias veces a pie desde su casa hasta el cementerio, indicándole puntos de referencia para que memorizara la ruta del autobús de las Ramblas, hasta que lo sintió bastante diestro para mandarlo solo.

El domingo del ensayo final, a las tres de la tarde, le quitó el chaleco de primavera, en parte porque el verano era inminente y en parte para que llamara menos la atención, y lo dejó a su albedrío. Lo vio alejarse por la acera de sombra con un trote ligero y el culito apretado y triste bajo la cola alborotada, y logró a duras penas reprimir los deseos de llorar, por ella y por él, y por tantos y tan amargos años de ilusiones comunes, hasta que lo vio doblar hacia el mar por la esquina de la Calle Mayor. Quince minutos más tarde subió en el autobús de las Ramblas en la vecina Plaza de Lesseps, tratando de verlo sin ser vista desde la ventana, y en efecto lo vio entre las parvadas de niños dominicales, lejano y serio, esperando el cambio del semáforo de peatones del Paseo de Gràcia.

«Dios mío», suspiró. «Qué solo se ve.»

Tuvo que esperarlo casi dos horas bajo el sol brutal de Montjuïc. Saludó a varios dolientes de otros domingos menos memorables, aunque apenas si los reconoció, pues había pasado tanto tiempo desde que los vio por primera vez, que ya no llevaban ropas de luto, ni lloraban, y ponían las flores sobre las tumbas sin pensar en sus muertos. Poco después, cuando se fueron todos, oyó un bramido lúgubre que espantó a las gaviotas, y vio en el mar inmenso un trasatlántico blanco con la bandera del Brasil, y deseó con toda su alma que le trajera una carta de alguien que hubiera muerto por ella en la cárcel de Pernambuco. Poco después de las cinco, con doce minutos de adelanto, apareció el Noi en la colina, babeando de fatiga y de calor, pero con unas ínfulas de niño triunfal. En aquel instante, María dos Prazeres superó el terror de no tener a nadie que llorara sobre su tumba.

Fue en el otoño siguiente cuando empezó a percibir signos aciagos que no lograba descifrar, pero que le aumentaron el peso del corazón. Volvió a tomar el café bajo las acacias doradas de la Plaza del Reloj con el abrigo de cuello de colas de zorros y el sombrero con adorno de flores artificiales que de tanto ser antiguo había vuelto a ponerse de moda. Agudizó el instinto. Tratando de explicarse su propia ansiedad escudriñó la cháchara de las vendedoras de pájaros de las Ramblas, los susurros de los hombres en los puestos de libros que por primera vez en muchos años no hablaban de fútbol, los hondos silencios de los lisiados de guerra que les echaban migajas de pan a las palomas, y en todas partes encontró señales inequívocas de la muerte. En Navidad se encendieron las luces de colores entre las acacias, y salían músicas y voces de júbilo por los balcones, y una muchedumbre de turistas ajenos a nuestro destino invadieron los cafés al aire libre, pero aún dentro de la fiesta se sentía la misma tensión reprimida que precedió a los tiempos en que los anarquistas se hicieron dueños de la calle. María dos Prazeres, que había vivido aquella época de grandes pasiones, no conseguía dominar la inquietud, y por primera vez fue despertada en mitad del sueño por zarpazos de pavor. Una noche, agentes de la Seguridad del Estado asesinaron a tiros frente a su ventana a un estudiante que había escrito a brocha gorda en el muro: *Visca Catalunya lliure.*

«¡Dios mío —se dijo asombrada— es como si todo estuviera muriendo conmigo!»

Sólo había conocido una ansiedad semejante siendo muy niña en Manaos, un minuto antes del amanecer, cuando los ruidos numerosos de la noche cesaban de pronto, las aguas se detenían, el tiempo titubeaba, y la selva amazónica se sumergía en un silencio abismal que sólo podía ser igual al de la muerte. En medio de aquella tensión irresistible, el último viernes de abril, como siempre, el conde de Cardona fue a cenar en su casa.

La visita se había convertido en un rito. El conde llegaba puntual entre las siete y las nueve de la noche con una botella de champaña del país envuelta en el periódico de la tarde para que se notara menos, y una caja de trufas rellenas. María dos Prazeres le preparaba canelones gratinados y un pollo tierno en su jugo, que eran los platos favoritos de los catalanes de alcurnia de sus buenos tiempos, y una fuente surtida de frutas de la estación. Mientra ella hacía la cocina, el conde escuchaba en el gramófono fragmentos de óperas italianas en versiones históricas, tomando a sorbos lentos una copita de oporto que le duraba hasta el final de los discos.

Después de la cena, larga y bien conversada, hacían de memoria un amor sedentario que les dejaba a ambos un sedimento de desastre. Antes de irse, siempre azorado por la inminencia de la media noche, el conde dejaba veinticinco pesetas debajo del cenicero del dormitorio. Ese era el precio de María dos Prazeres cuando él la conoció en un hotel de paso del Paralelo, y era lo único que el óxido del tiempo había dejado intacto.

Ninguno de los dos se había preguntado nunca en qué se fundaba esa amistad. María dos Prazeres le debía a él algunos favores fáciles. Él le daba consejos oportunos para el buen manejo de sus ahorros, le había enseñado a distinguir el valor real de sus reliquias, y el modo de tenerlas para que no se descubriera que eran cosas robadas. Pero sobre todo, fue él quien le indicó el camino de una vejez decente en el barrio de Gràcia, cuando en su burdel de toda la vida la declararon demasiado usada para los gustos modernos, y quisieron mandarla a una casa de jubiladas clandestinas que por cinco pesetas les enseñaban a hacer el amor a los niños. Ella le había contado al conde que su madre la vendió a los catorce años en el puerto de Manaos, y que el primer oficial de un barco turco la disfrutó sin piedad durante la travesía del Atlántico, y luego la dejó abandonada sin dinero, sin idioma y sin nombre, en la ciénaga de luces del Paralelo. Ambos eran conscientes de tener tan pocas cosas en común que nunca se sentían más solos que cuando estaban juntos, pero ninguno de los dos se había atrevido a lastimar los encantos de la costumbre. Necesitaron de una emoción nacional para darse cuenta, ambos al mismo tiempo, de cuánto se habían odiado, y con cuánta ternura, durante tantos años.

Fue una deflagración. El conde de Cardona estaba escuchando el dueto de amor de *La Bohème*, cantado por Licia Albanese y Beniamino Gigli, cuando le llegó una ráfaga casual de las noticias de radio que María dos Prazeres escuchaba en la cocina. Se acercó en puntillas y también él escuchó. El general Francisco Franco, dictador eterno de España, había asumido la responsabilidad de decidir el destino final de tres separatistas vascos que acababan de ser condenados a muerte. El conde exhaló un suspiro de alivio.

—Entonces los fusilarán sin remedio —dijo—, porque el Caudillo es un hombre justo.

María dos Prazeres fijó en él sus ardientes ojos de cobra real, y vio sus pupilas sin pasión detrás de las antiparras de oro, los dientes de rapiña, las manos híbridas de animal acostumbrado a la humedad y las tinieblas. Tal como era.

—Pues ruégale a Dios que no —dijo—, porque con uno solo que fusilen yo te echaré veneno en la sopa.

El Conde se asustó.

—¿Y eso por qué?

—Porque yo también soy una puta justa.

El conde de Cardona no volvió jamás, y María dos Prazeres tuvo la certidumbre de que el último ciclo de su vida acababa de cerrarse. Hasta hacía poco, en efecto, le indignaba que le cedieran el asiento en los autobuses, que trataran de ayudarla a cruzar la calle, que la tomaran del brazo para subir las escaleras, pero había terminado no sólo por admitirlo sino inclusive por desearlo como una necesidad detestable. Entonces mandó a hacer una lápida de anarquista, sin nombre ni fechas, y empezó a dormir sin pasar los cerrojos de la puerta para que el Noi pudiera salir con la noticia si ella muriera durante el sueño.

Un domingo, al entrar en su casa de regreso del cementerio, se encontró en el rellano de la escalera con la niña que vivía en la puerta de enfrente. La acompañó varias cuadras, hablándole de todo con un candor de abuela, mientras la veía retozar con el Noi como viejos amigos. En la Plaza del Diamante, tal como lo tenía previsto, la invitó a un helado.

—¿Te gustan los perros? —le preguntó.

—Me encantan —dijo la niña.

Entonces María dos Prazeres le hizo la propuesta que tenía preparada desde hacía mucho tiempo.

—Si alguna vez me sucediera algo, hazte cargo del Noi —le dijo— con la única condición de que lo dejes libre los domingos sin preocuparte de nada. Él sabrá lo que hace.

La niña quedó feliz. María dos Prazeres, a su vez, regresó a casa con el júbilo de haber vivido un sueño madurado durante años en su corazón. Sin embargo, no fue por el cansancio de la vejez ni por la demora de la muerte que aquel sueño no se cumplió. Ni siquiera fue una decisión propia. La vida la había tomado por ella una tarde glacial de noviembre en que se precipitó una tormenta súbita cuando salía del cementerio. Había escrito los nombres en las tres lápidas y bajaba a pie hacia la estación de autobuses cuando quedó empapada por completo por las primeras ráfagas de lluvia. Apenas si tuvo tiempo de guarecerse en los portales de un barrio desierto que parecía de otra ciudad, con bodegas en ruinas y fábricas polvorientas, y enormes furgones de carga que hacían más pavoroso el estrépito de la tormenta. Mientras trataba de calentar con su cuerpo el perrito ensopado, María dos Prazeres veía pasar los autobuses repletos, veía pasar los taxis vacíos con la bandera apagada, pero nadie prestaba atención a sus señas de náufrago. De pronto, cuando ya parecía imposible hasta un milagro, un automóvil suntuoso de color del acero crepuscular pasó casi sin ruido por la calle inundada, se paró de golpe en la esquina y regresó en reversa hasta donde ella estaba. Los cristales descendieron por un soplo mágico, y el conductor se ofreció para llevarla.

—Voy muy lejos —dijo María dos Prazeres con sinceridad—. Pero me haría un gran favor si me acerca un poco.

—Dígame adónde va —insistió él.

—A Gràcia —dijo ella.

La puerta se abrió sin tocarla.

—Es mi rumbo —dijo él—. Suba.

En el interior oloroso a medicina refrigerada, la lluvia se convirtió en un percance irreal, la ciudad cambió de color, y ella se sintió en un mundo ajeno y feliz donde todo estaba resuelto de antemano. El conductor se abría paso a través del desorden del tránsito con una fluidez que tenía algo de magia. María dos Prazeres estaba intimidada, no sólo por su propia miseria sino también por la del perrito de lástima que dormía en su regazo.

—Esto es un trasatlántico —dijo, porque sintió que tenía que decir algo digno—. Nunca había visto nada igual, ni siquiera en sueños.

—En realidad, lo único malo que tiene es que no es mío —dijo él, en un catalán difícil, y después de una pausa agregó en castellano—: El sueldo de toda la vida no me alcanzaría para comprarlo.

—Me lo imagino —suspiró ella.

Lo examinó de soslayo, iluminado de verde por el

resplandor del tablero de mandos, y vio que era casi un adolescente, con el cabello rizado y corto, y un perfil de bronce romano. Pensó que no era bello, pero que tenía un encanto distinto, que le sentaba muy bien la chaqueta de cuero barato gastada por el uso, y que su madre debía ser muy feliz cuando lo sentía volver a casa. Sólo por sus manos de labriego se podía creer que de veras no era el dueño del automóvil.

No volvieron a hablar en todo el trayecto, pero también María dos Prazeres se sintió examinada de soslayo varias veces, y una vez más se dolió de seguir viva a su edad. Se sintió fea y compadecida, con la pañoleta de cocina que se había puesto en la cabeza de cualquier modo cuando empezó a llover, y el deplorable abrigo de otoño que no se le había ocurrido cambiar por estar pensando en la muerte.

Cuando llegaron al barrio de Gràcia había empezado a escampar, era de noche y estaban encendidas las luces de la calle. María dos Prazeres le indicó a su conductor que la dejara en una esquina cercana, pero él insistió en llevarla hasta la puerta de la casa, y no sólo lo hizo sino que estacionó sobre el andén para que pudiera descender sin mojarse. Ella soltó el perrito, trató de salir del automóvil con tanta dignidad como el cuerpo se lo permitiera, y cuando se volvió para dar las gracias se encontró con una mirada de hombre que la dejó sin aliento. La sostuvo por un instante, sin entender muy bien quién esperaba qué, ni de quién, y entonces él le preguntó con una voz resuelta:

—¿Subo?

María dos Prazeres se sintió humillada.

—Le agradezco mucho el favor de traerme —dijo—, pero no le permito que se burle de mí.

—No tengo ningún motivo para burlarme de nadie —dijo él en castellano con una seriedad terminante—. Y mucho menos de una mujer como usted.

María dos Prazeres había conocido muchos hombres como ése, había salvado del suicidio a muchos otros más atrevidos que ése, pero nunca en su larga vida había tenido tanto miedo de decidir. Lo oyó insistir sin el menor indicio de cambio en la voz:

—¿Subo?

Ella se alejó sin cerrar la puerta del automóvil, y le contestó en castellano para estar segura de ser entendida.

—Haga lo que quiera.

Entró en el zaguán apenas iluminado por el resplandor oblicuo de la calle, y empezó a subir el primer tramo de la escalera con las rodillas trémulas, sofocada por un pavor que sólo hubiera creído posible en el momento de morir. Cuando se detuvo frente a la puerta del entresuelo, temblando de ansiedad por encontrar las llaves en el bolsillo, oyó los dos portazos sucesivos del automóvil en la calle. Noi, que se le había adelantado, trató de ladrar. «Cállate», le ordenó con un susurro agónico. Casi enseguida sintió los primeros pasos en los peldaños sueltos de la escalera y temió que se le fuera a reventar el corazón. En una fracción de segundo volvió a examinar por completo el sueño premonitorio que le había cambiado la vida durante tres años, y comprendió el error de su interpretación.

«Dios mío», se dijo asombrada. «¡De modo que no era la muerte!»

Encontró por fin la cerradura, oyendo los pasos contados en la oscuridad, oyendo la respiración creciente de alguien que se acercaba tan asustado como ella en la oscuridad, y entonces comprendió que había valido la pena esperar tantos y tantos años, y haber sufrido tanto en la oscuridad, aunque sólo hubiera sido para vivir aquel instante.

Mayo 1979.

DIECISIETE INGLESES ENVENENADOS

Lo PRIMERO que notó la señora Prudencia Linero cuando llegó al puerto de Nápoles, fue que tenía el mismo olor del puerto de Riohacha. No se lo contó a nadie, por supuesto, pues nadie lo hubiera entendido en aquel trasatlántico senil atiborrado de italianos de Buenos Aires que volvían a la patria por primera vez después de la guerra, pero de todos modos se sintió menos sola, menos asustada y distante, a los setenta y dos años de su edad y a dieciocho días de mala mar de su gente y de su casa.

Desde el amanecer se habían visto las luces de tierra. Los pasajeros se levantaron más temprano que siempre, vestidos con ropas nuevas y con el corazón oprimido por la incertidumbre del desembarco, de modo que aquel último domingo de a bordo pareció ser el único de verdad en todo el viaje. La señora Prudencia Linero fue una de las muy pocas que asistieron a la misa. A diferencia de los días anteriores en que andaba por el barco vestida de medio luto, se había puesto para desembarcar una túnica parda de lienzo basto con el cordón de San Francisco en la cintura, y unas sandalias de cuero crudo que sólo por ser demasiado nuevas no parecían de peregrino. Era un pago adelantado: había prometido a Dios llevar ese hábito talar hasta la muerte si le concedía la gracia de viajar a Roma para ver al Sumo Pontífice, y ya daba la gracia por concedida. Al final de la misa encendió una vela al Espíritu Santo por el valor que le infundió para soportar los temporales del Caribe, y rezó una oración por cada uno de los nueve hijos y los catorce nietos que en aquel momento soñaban con ella en la noche de vientos de Riohacha.

Cuando subió a cubierta después del desayuno, la vida del barco había cambiado. Los equipajes estaban amontonados en la sala de baile, entre toda clase de objetos para turistas comprados por los italianos en los mercados de magia de las Antillas, y en el mostrador de la cantina había un macaco de Pernambuco dentro de una jaula de encajes de hierro. Era una mañana radiante de principios de agosto. Un domingo ejemplar de aquellos veranos de después de la guerra en que la luz se comportaba como una revelación de cada día, y el barco enorme se movía muy despacio, con resuellos de enfermo, por un estanque diáfano. La fortaleza tenebrosa de los duques de Anjou apenas si empezaba a vislumbrarse en el horizonte, pero los pasajeros asomados a la borda creían reconocer los sitios familiares, y los señalaban sin verlos a ciencia cierta, gritando de júbilo en dialectos meridionales. La señora Prudencia Linero, que había hecho tantos amigos viejos a bordo, que había cuidado niños mientras sus padres bailaban y hasta le había cosido un botón de la guerrera al primer oficial, los encontró de pronto ajenos y distintos. El espíritu social y el calor humano que le permitieron sobrevivir a las primeras nostalgias en el sopor del trópico, habían desaparecido. Los amores eternos de altamar terminaban a la vista del puerto. La señora Prudencia Linero, que no conocía la naturaleza voluble de los italianos, pensó que el mal no estaba en el corazón de los otros sino en el suyo, por ser ella la única que iba entre la muchedumbre que regresaba. Así deben ser todos los viajes, pensó, padeciendo por primera vez en su vida la punzada de ser forastera, mientras contemplaba desde la borda los vestigios de tantos mundos extinguidos en el fondo del agua. De pronto, una muchacha muy bella que estaba a su lado la asustó con un grito de horror.

—*Mamma mia* —dijo, señalando el fondo—. Miren ahí.

Era un ahogado. La señora Prudencia Linero lo vio flotando bocarriba entre dos aguas, y era un hombre maduro y calvo con una rara prestancia natural, y sus ojos abiertos y alegres tenían el mismo color del cielo al amanecer. Llevaba un traje de etiqueta con chaleco de brocado, botines de charol y una gardenia viva en la solapa. En la mano derecha tenía un paquetito cúbico envuelto en papel de regalo, y los dedos de hierro lívido estaban agarrotados en la cinta del lazo, que era lo único que encontró para agarrarse en el instante de morir.

—Debió caerse de una boda —dijo un oficial del barco—. Sucede mucho en verano por estas aguas.

Fue una visión instantánea, porque entonces estaban entrando en la bahía y otros motivos menos lúgubres distrajeron la atención de los pasajeros. Pero la señora Prudencia Linero siguió pensando en el ahogado, el pobrecito ahogado, cuya levita de faldones ondulaba en la estela del barco.

Tan pronto como entró en la bahía, un remolcador decrépito salió al encuentro del barco y se lo llevó de cabestro por entre los escombros de numerosas naves militares destruidas durante la guerra. El agua se iba convirtiendo en aceite a medida que el barco se abría paso por entre los escombros oxidados, y el calor se hizo aun más bravo que el de Riohacha a las dos de la tarde. Al otro lado del desfiladero, radiante en el sol de las once, apareció de pronto la ciudad completa de palacios quiméricos y viejas barracas de colores apelotonadas en las colinas. Del fondo removido se levantó entonces una tufarada insoportable que la señora Prudencia Linero reconoció como el aliento de cangrejos podridos del patio de su casa.

Mientras duró la maniobra los pasajeros reconocían a sus parientes con aspavientos de gozo en el tumulto del muelle. La mayoría eran matronas otoñales de pechugas flamantes, sofocadas dentro de los trajes de luto, con los niños más bellos y numerosos de la tierra, y maridos pequeños y diligentes, del género inmortal de los que leen el periódico después que sus esposas y se visten de escribanos estrictos a pesar del calor.

En medio de aquella algarabía de feria, un hombre muy viejo de aspecto inconsolable, con un sobretodo de mendigo, se sacaba a dos manos de los bolsillos puñados y puñados de pollitos tiernos. En un instante llenaron el muelle, piando enloquecidos por todas partes, y sólo por ser animales de magia había muchos que seguían corriendo vivos después de ser pisoteados por la muchedumbre ajena al prodigio. El mago había puesto su sombrero bocarriba en el piso, pero nadie le tiró desde la borda ni una moneda de caridad.

Fascinada por el espectáculo de maravilla que parecía ejecutado en su honor, pues sólo ella lo agradecía, la señora Prudencia Linero no se dio cuenta de en qué momento tendieron la pasarela, y una avalancha humana invadió el barco con los aullidos y el ímpetu de un abordaje de bucaneros. Aturdida por el júbilo y el tufo de cebollas rancias de tantas familias en verano, vapuleada por las cuadrillas de cargadores que se disputaban a golpes los equipajes, se sintió amenazada por la misma muerte sin gloria de los pollitos en el muelle. Entonces se sentó sobre su baúl de madera con esquinas de latón pintado, y permaneció impávida rezando un círculo vicioso de oraciones contra las tentaciones y peligros en tierras de infieles. Allí la encontró el primer oficial cuando pasó el cataclismo y no quedó nadie más que ella en el salón desmantelado.

—Nadie debe estar aquí a esta hora —le dijo el oficial con cierta amabilidad—. ¿Puedo ayudarla en algo?

—Tengo que esperar al cónsul —dijo ella.

Así era. Dos días antes de zarpar, su hijo mayor le había mandado un telegrama al cónsul en Nápoles, que era amigo suyo, para rogarle que la esperara en el puerto y la ayudara en los trámites para seguir a Roma. Le había mandado el nombre del barco y la hora de llegada, y le indicó además que podía reconocerla por el hábito de San Francisco que se pondría para desembarcar. Ella se mostró tan estricta en sus leyes, que el primer oficial le permitió esperar un rato más, a pesar de que iba a ser la hora en que almorzaba la tripulación y habían subido las sillas sobre las mesas y estaban lavando las cubiertas a baldazos. Varias veces tuvieron que mover el baúl para no mojarlo, pero ella cambiaba de lugar sin inmutarse, sin interrumpir las oraciones, hasta que la sacaron de las salas de recreo y terminó sentada a pleno sol entre los botes de salvamento. Allí volvió a encontrarla el primer oficial un poco antes de las dos de la tarde, ahogándose en sudor dentro de la escafandra de penitente, y rezando un rosario sin esperanzas, porque estaba aterrorizada y triste y soportaba a duras penas las ganas de llorar.

—Es inútil que siga rezando —dijo el oficial, sin la amabilidad de la primera vez—. Hasta Dios se va de vacaciones en agosto.

Le explicó que media Italia estaba en la playa por esa época, sobre todo los domingos. Era probable que el cónsul no estuviera de vacaciones, por la índole de su cargo, pero con seguridad no abriría la oficina hasta el lunes. Lo único razonable era ir a un hotel, descansar tranquila esa noche, y al día siguiente llamar por teléfono al consulado, cuyo número estaba sin duda en el directorio. De modo que la señora Prudencia Linero tuvo que conformarse con ese criterio, y el oficial la ayudó en los trámites de inmigración y aduana y del cambio de dinero, y la puso dentro de un taxi con la indicación azarosa de que la llevaran a un hotel decente.

El taxi decrépito con rezagos de carroza fúnebre avanzaba dando tumbos por las calles desiertas. La señora Prudencia Linero pensó por un instante que el conductor y ella eran los únicos seres vivos en una ciudad de fantasmas colgados en alambres en medio de la calle, pero también pensó que un hombre que hablaba tanto, y con tanta pasión, no podía tener tiempo para hacerle daño a una pobre mujer sola que había desafiado los riesgos del océano para ver al Papa.

Al final del laberinto de calles volvía a verse el mar. El taxi siguió dando tumbos a lo largo de una playa ardiente y solitaria donde había numerosos hoteles pequeños de colores intensos. Pero no se detuvo en ninguno de ellos sino que fue directo al menos vistoso, situado en un jardín público con grandes palmeras y bancos verdes. El chofer puso el baúl en la acera sombreada y, ante la incertidumbre de la señora Prudencia Linero, le aseguró que aquel era el hotel más decente de Nápoles.

Un maletero hermoso y amable se echó el baúl al hombro y se hizo cargo de ella. La condujo hasta el ascensor de redes metálicas improvisado en el hueco de la escalera, y empezó a cantar un aria de Puccini a plena voz y con una determinación alarmante. Era un vetusto edificio de nueve pisos restaurados, en cada uno de los cuales había un hotel diferente. La señora Prudencia Linero se sintió de pronto en un instante alucinado, metida en una jaula de gallinas que subía muy despacio por el centro de una escalera de mármoles estentóreos, y sorprendía a la gente dentro de las casas con sus dudas más íntimas, con sus calzoncillos rotos y sus eructos ácidos. En el tercer piso el ascensor se detuvo con un sobresalto, y entonces el maletero dejó de cantar, abrió la puerta de rombos plegadizos y le indicó a la señora Prudencia Linero, con una reverencia galante, que estaba en su casa.

Ella vio un adolescente lánguido detrás de un mostrador de madera con incrustaciones de vidrios de colores en el vestíbulo y plantas de sombra en macetas de cobre. Le gustó de inmediato, porque tenía los mismos bucles de serafín de su nieto menor. Le gustó el nombre del hotel con las letras grabadas en una placa de bronce, le gustó el olor de ácido fénico, le gustaron los helechos colgados, el silencio, las lises de oro del papel de las paredes. Después dio un paso fuera del ascensor, y el corazón se le encogió. Un grupo de turistas ingleses de pantalones cortos y sandalias de playa dormitaban en una larga fila de poltronas de espera. Eran diecisiete, y estaban sentados en un orden simétrico, como si fueran uno solo muchas veces repetido en una galería de espejos. La señora Prudencia Linero los vio sin distinguirlos, con un solo golpe de vista, y lo único que le impresionó fue la larga hilera de rodillas rosadas, que parecían presas de cerdo colgadas en los ganchos de una carnicería. No dio un paso más hacia el mostrador, sino que retrocedió sobrecogida y entró de nuevo en el ascensor.

—Vamos a otro piso —dijo

—Este es el único que tiene comedor, *signora* —dijo el cargador.

—No importa —dijo ella.

El cargador hizo un gesto de conformidad, cerró el ascensor, y cantó el pedazo que le faltaba de la canción hasta el hotel del quinto piso. Allí todo parecía menos estricto, y la dueña era una matrona primaveral que hablaba un castellano fácil, y nadie hacía la siesta en las poltronas del vestíbulo. No había comedor, en efecto, pero el hotel tenía un acuerdo con una fonda cercana para que sirviera a los clientes por un precio especial. De modo que la señora Prudencia Linero decidió que sí, que se quedaba por una noche, tan convencida por la elocuencia y la simpatía de la dueña como por el alivio de que no hubiera ningún inglés de rodillas rosadas durmiendo en el vestíbulo.

El dormitorio tenía las persianas cerradas a las dos de la tarde, y la penumbra conservaba la frescura y el silencio de una floresta recóndita, y era bueno para llorar. No bien se quedó sola, la señora Prudencia Linero pasó los dos cerrojos, y orinó por primera vez desde la mañana con un desagüe tenue y difícil que le permitió recobrar su identidad perdida durante el viaje. Después se quitó las sandalias y el cordón del hábito y se tendió del lado del corazón sobre la cama matrimonial demasiado ancha y demasiado sola para ella sola, y soltó el otro manantial de sus lágrimas atrasadas.

No sólo era la primera vez que salía de Riohacha, sino una de las pocas en que salió de su casa después de que sus hijos se casaron y se fueron, y ella se quedó sola con dos indias descalzas cuidando del cuerpo sin alma de su esposo. Se le acabó la mitad de la vida en el dormitorio frente a los escombros del único hombre que había amado, y que permaneció en el letargo durante casi treinta años, tendido en la cama de sus amores juveniles sobre un colchón de cueros de chivo.

En el octubre pasado, el enfermo abrió los ojos en una ráfaga súbita de lucidez, reconoció a su gente y pidió que llamaran un fotógrafo. Llevaron al viejo del parque con el enorme aparato de fuelle y manga negra, y el platón de magnesio para las fotos domésticas. El mismo enfermo dirigió las fotos. «Una para Prudencia, por el amor y la felicidad que me dio en la vida», dijo.

La tomaron con el primer fogonazo de magnesio. «Ahora otras dos para mis hijas adoradas, Prudencita y Natalia», dijo. Las tomaron. «Otras dos para mis hijos varones, ejemplos de la familia por su cariño y su buen juicio», dijo. Y así hasta que se acabó el papel y el fotógrafo tuvo que ir a su casa a reabastecerse. A las cuatro de la tarde, cuando ya no se podía respirar en el dormitorio por la humareda de magnesio y el tumulto de parientes, amigos y conocidos que acudieron a recibir sus copias del retrato, el inválido empezó a desvanecerse en la cama, y se fue despidiendo de todos con adioses de la mano, como borrándose del mundo en la baranda de un barco.

Su muerte no fue para la viuda el alivio que todos esperaban. Al contrario, quedó tan afligida, que sus hijos se reunieron para preguntarle cómo podrían consolarla, y ella les contestó que no quería nada más que ir a Roma a conocer al Papa.

—Me voy sola y con el hábito de San Francisco —les advirtió—. Es una manda.

Lo único grato que le quedó de aquellos años de vigilia fue el placer de llorar. En el barco, mientras tuvo que compartir el camarote con dos hermanas clarisas que se quedaron en Marsella, se demoraba en el baño para llorar sin ser vista. De modo que el cuarto del hotel de Nápoles fue el único lugar propicio que había encontrado para llorar a gusto desde que salió de Riohacha. Y habría llorado hasta el día siguiente cuando saliera el tren de Roma, de no haber sido porque la dueña le tocó la puerta a las siete para avisarle que si no llegaba a tiempo a la fonda se quedaría sin comer.

El empleado del hotel la acompañó. Una brisa fresca había empezado a soplar desde el mar, y todavía quedaban algunos bañistas en la playa bajo el sol pálido de las siete. La señora Prudencia Linero siguió al empleado por el vericueto de calles empinadas y estrechas que apenas empezaban a despertar de la siesta del domingo, y se encontró de pronto bajo una pérgola umbría, donde había mesas para comer con manteles de cuadritos rojos y frascos de encurtidos improvisados como floreros con flores de papel. Los únicos comensales a esa hora temprana eran los propios sirvientes, y un cura muy pobre que comía cebollas con pan en un rincón apartado. Al entrar, ella sintió la mirada de todos por el hábito pardo, pero no se alteró, pues era consciente de que el ridículo formaba parte de la penitencia. La mesera, en cambio, le suscitó un ápice de piedad, porque era rubia y bella y hablaba como si cantara, y ella pensó que debían estar muy mal en Italia después de la guerra si una muchacha como esa tenía que servir en una fonda. Pero se sintió bien en el ámbito floral del emparrado, y el aroma de guiso de laurel de la cocina le despertó el hambre aplazada por la zozobra del día. Por primera vez en mucho tiempo no tenía deseos de llorar.

Sin embargo, no pudo comer a gusto. En parte porque le costó trabajo entenderse con la mesera rubia, a pesar de que era simpática y paciente, y en parte porque la única carne que había para comer eran unos pajaritos cantores de los que criaban en jaulas en las casas de Riohacha. El cura, que comía en el rincón, y que terminó por servirles de intérprete, trató de hacerle entender que las emergencias de la guerra no habían terminado en

Europa, y que debía apreciarse como un milagro que hubiera al menos pajaritos de monte para comer. Pero ella los rechazó.

—Para mí —dijo— sería como comerme un hijo.

Así que debió conformarse con una sopa de fideos, un plato de calabacines hervidos con unas tiras de tocino rancio, y un pedazo de pan que parecía de mármol. Mientras comía, el cura se acercó para suplicarle por caridad que lo invitara a tomarse una taza de café, y se sentó con ella. Era yugoslavo, pero había sido misionero en Bolivia, y hablaba un castellano difícil y expresivo. A la señora Prudencia Linero le pareció un hombre ordinario y sin el menor vestigio de indulgencia, y observó que tenía unas manos indignas con las uñas astilladas y sucias, y un aliento de cebollas tan persistente que más bien parecía un atributo del carácter. Pero después de todo estaba al servicio de Dios, y era un placer nuevo encontrar a alguien con quien entenderse estando tan lejos de casa.

Conversaron despacio, ajenos al denso rumor de establo que los iba cercando a medida que los comensales ocupaban las otras mesas. La señora Prudencia Linero tenía ya un juicio terminante sobre Italia: no le gustaba. Y no porque los hombres fueran un poco abusivos, que ya era mucho, ni porque se comieran a los pájaros, que ya era demasiado, sino por la mala índole de dejar a los ahogados a la deriva.

El cura, que además del café se había hecho llevar por cuenta de ella una copa de *grappa*, trató de hacerle ver su ligereza de juicio. Pues durante la guerra se había establecido un servicio muy eficaz para rescatar, identificar y sepultar en tierra sagrada a los numerosos ahogados que amanecían flotando en la bahía de Nápoles.

—Desde hace siglos —concluyó el cura— los italianos tomaron conciencia de que no hay más que una vida, y tratan de vivirla lo mejor que pueden. Eso los ha hecho calculadores y volubles, pero también los ha curado de la crueldad.

—Ni siquiera pararon el barco —dijo ella.

—Lo que hacen es avisar por radio a las autoridades del puerto —dijo el cura—. Ya a esta hora deben haberlo recogido y enterrado en el nombre de Dios.

La discusión cambió el humor de ambos. La señora Prudencia Linero había acabado de comer, y sólo entonces cayó en la cuenta de que todas las mesas estaban ocupadas. En las más próximas, comiendo en silencio, había turistas casi desnudos, y entre ellos algunas parejas de enamorados que se besaban en vez de comer. En las mesas del fondo, cerca del mostrador, estaba la gente del barrio jugando a los dados y bebiendo un vino sin color. La señora Prudencia Linero comprendió que sólo tenía una razón para estar en aquel país indeseable.

—¿Usted cree que sea muy difícil ver al Papa? —preguntó.

El cura le contestó que nada era más fácil en verano. El Papa estaba de vacaciones en Castelgandolfo, y los miércoles en la tarde recibía en audiencia pública a peregrinos del mundo entero. La entrada era muy barata: veinte liras.

—¿Y cuánto cobra por confesarlo a uno? —preguntó ella.

—El Santo Padre no confiesa a nadie —dijo el cura,

un poco escandalizado—, salvo a los reyes, por supuesto.

—No veo por qué va a negarle ese favor a una pobre mujer que viene de tan lejos —dijo ella.

—Hasta algunos reyes, con ser reyes, se han muerto esperando —dijo el cura—. Pero dígame: debe ser un pecado tremendo para que usted haya hecho sola semejante viaje sólo por confesárselo al Santo Padre.

La señora Prudencia Linero lo pensó un instante, y el cura la vio sonreír por primera vez.

—¡Ave María Purísima! —dijo—. Me bastaría con verlo. —Y agregó con un suspiro que pareció salirle del alma—: ¡Ha sido el sueño de mi vida!

En realidad, seguía asustada y triste, y lo único que quería era irse de inmediato, no sólo de ese lugar sino de Italia. El cura debió pensar que aquella alucinada ya no daba para más, así que le deseó buena suerte y se fue a otra mesa a pedir por caridad que le pagaran un café.

Cuando salió de la fonda, la señora Prudencia Linero se encontró con la ciudad cambiada. La sorprendió la luz del sol a las nueve de la noche, y la asustó la muchedumbre estridente que había invadido las calles por el alivio de la brisa nueva. No se podía vivir con los petardos de tantas vespas enloquecidas. Las conducían hombres sin camisas que llevaban en ancas a sus bellas mujeres abrazadas a la cintura, y se abrían paso a saltos culebreando por entre los cerdos colgados y las mesas de sandías.

El ambiente era de fiesta, pero a la señora Prudencia Linero le pareció de catástrofe. Perdió el rumbo. Se encontró de pronto en una calle intempestiva con mujeres taciturnas sentadas a la puerta de sus casas iguales, y cuyas luces rojas e intermitentes le causaron un estremecimiento de pavor. Un hombre bien vestido, con un anillo de oro macizo y un diamante en la corbata la persiguió varias cuadras diciéndole algo en italiano, y luego en inglés y francés. Como no obtuvo respuesta, le mostró una tarjeta postal de un paquete que sacó del bolsillo, y ella sólo necesitó un golpe de vista para sentir que estaba atravesando el infierno.

Huyó despavorida, y al final de la calle volvió a encontrar el mar crepuscular con el mismo tufo de mariscos podridos del puerto de Riohacha, y el corazón le volvió a quedar en su puesto. Reconoció los hoteles de colores frente a la playa desierta, los taxis funerarios, el diamante de la primera estrella en el cielo inmenso. Al fondo de la bahía, solitario en el muelle, reconoció el barco en que había llegado, enorme y con las cubiertas iluminadas, y se dio cuenta de que ya no tenía nada que ver con su vida. Allí dobló a la izquierda, pero no pudo seguir, porque había una muchedumbre de curiosos mantenidos a raya por una patrulla de carabineros. Una fila de ambulancias esperaba con las puertas abiertas frente al edificio de su hotel.

Empinada por encima del hombro de los curiosos, la señora Prudencia Linero volvió a ver entonces a los turistas ingleses. Los estaban sacando en camillas, uno por uno, y todos estaban inmóviles y dignos, y seguían pareciendo uno solo varias veces repetido con el traje formal que se habían puesto para la cena: pantalón de franela, corbata de rayas diagonales, y la chaqueta oscura con el escudo del Trinity College bordado en el bolsillo del pecho. Los vecinos asomados a los balcones, y los curiosos bloqueados en la calle, los iban contando a coro, como en un estadio, a medida que los sacaban. Eran diecisiete. Los metieron en las ambulancias de dos en dos, y se los llevaron con un estruendo de sirenas de guerra.

Aturdida por tantos estupores, la señora Prudencia Linero subió en el ascensor abarrotado por los clientes de los otros hoteles que hablaban en idiomas herméticos. Se fueron quedando en todos los pisos, salvo en el tercero, que estaba abierto e iluminado, pero nadie estaba en el mostrador ni en las poltronas del vestíbulo, donde había visto las rodillas rosadas de los diecisiete ingleses dormidos. La dueña del quinto piso comentaba el desastre en una excitación sin control.

—Todos están muertos —le dijo a la señora Prudencia Linero en castellano—. Se envenenaron con la sopa de ostras de la cena. ¡Ostras en agosto, imagínese!

Le entregó la llave del cuarto, sin prestarle más atención, mientras decía a los otros clientes en su dialecto: «¡Como aquí no hay comedor, todo el que se acuesta a dormir amanece vivo!» Otra vez con el nudo de lágrimas en la garganta, la señora Prudencia Linero pasó los cerrojos de la habitación. Luego rodó contra la puerta la mesita de escribir y la poltrona, y puso por último el baúl como una barricada infranqueable contra el horror de aquel país donde ocurrían tantas cosas al mismo tiempo. Después se puso el camisón de viuda, se tendió bocarriba en la cama, y rezó diecisiete rosarios por el eterno descanso de las almas de los diecisiete ingleses envenenados.

Abril 1980.

TRAMONTANA

LO VI UNA sola vez en *Boccacio*, el cabaret de moda en Barcelona, pocas horas antes de su mala muerte. Estaba acosado por una pandilla de jóvenes suecos que trataban de llevárselo a las dos de la madrugada para terminar la fiesta en Cadaqués. Eran once, y costaba trabajo distinguirlos, porque los hombres y las mujeres parecían iguales: bellos, de caderas estrechas y largas cabelleras doradas. Él no debía ser mayor de veinte años. Tenía la cabeza cubierta de rizos empavonados, el cutis cetrino y terso de los caribes acostumbrados por sus mamás a caminar por la sombra, y una mirada árabe como para trastornar a las suecas, y tal vez a varios de los suecos. Lo habían sentado en el mostrador como a un muñeco de ventrílocuo, y le cantaban canciones de moda acompañándose con las palmas, para convencerlo de que se fuera con ellos. Él, aterrorizado, les explicaba sus motivos. Alguien intervino a gritos para exigir que lo dejaran en paz, y uno de los suecos se le enfrentó muerto de risa.

—Es nuestro —gritó—. Nos lo encontramos en el cajón de la basura.

Yo había entrado poco antes con un grupo de amigos después del último concierto que dio David Oistrakh en el Palau de la Música, y se me erizó la piel con la incredulidad de los suecos. Pues los motivos del chico eran sagrados. Había vivido en Cadaqués hasta el verano anterior, donde lo contrataron para cantar canciones de las Antillas en una cantina de moda, hasta que lo derrotó la tramontana. Logró escapar al segundo día con la decisión de no volver nunca, con tramontana o sin ella, seguro de que si volvía alguna vez lo esperaba la muerte. Era una certidumbre caribe que no podía ser entendida por una banda de nórdicos racionalistas, enardecidos por el verano y por los duros vinos catalanes de aquel tiempo, que sembraban ideas desaforadas en el corazón.

Yo lo entendía como nadie. Cadaqués era uno de los pueblos más bellos de la Costa Brava, y también el mejor conservado. Esto se debía en parte a que la carretera de acceso era una cornisa estrecha y retorcida al borde de un abismo sin fondo, donde había que tener el alma muy bien puesta para conducir a más de cincuenta kilómetros por hora. Las casas de siempre eran blancas y bajas, con el estilo tradicional de las aldeas de pescadores del Mediterráneo. Las nuevas eran construidas por arquitectos de renombre que habían respetado la armonía original. En verano, cuando el calor parecía venir de los desiertos africanos de la acera de enfrente, Cadaqués se convertía en una Babel infernal, con turistas de toda Europa que durante tres meses les disputaban su paraíso a los nativos y a los forasteros que habían tenido la suerte de comprar una casa a buen precio cuando todavía era posible. Sin embargo, en primavera y otoño, que eran las épocas en que Cadaqués resultaba más deseable, nadie dejaba de pensar con temor en la tramontana, un viento de tierra inclemente y tenaz, que según piensan los nativos y algunos escritores escarmentados, lleva consigo los gérmenes de la locura.

Hace unos quince años yo era uno de sus visitantes asiduos, hasta que se atravesó la tramontana en nuestras vidas. La sentí antes de que llegara, un domingo a la hora de la siesta, con el presagio inexplicable de que algo iba a pasar. Se me bajó el ánimo, me sentí triste sin causa, y tuve la impresión de que mis hijos, entonces menores de diez años, me seguían por la casa con miradas hostiles. El portero entró poco después con una caja de herramientas y unas sogas marinas para asegurar puertas y ventanas y no se sorprendió de mi postración.

—Es la tramontana —me dijo—. Antes de una hora estará aquí.

Era un antiguo hombre de mar, muy viejo, que conservaba del oficio el chaquetón impermeable, la gorra y la cachimba, y la piel achicharrada por las sales del mundo. En sus horas libres jugaba a la petanca en la plaza con veteranos de varias guerras perdidas, y tomaba aperitivos con los turistas en las tabernas de la playa, pues tenía la virtud de hacerse entender en cualquier lengua con su catalán de artillero. Se preciaba de conocer todos los puertos del planeta, pero ninguna ciudad de tierra adentro. «Ni París de Francia con ser lo que es», decía. Pues no le daba crédito a ningún vehículo que no fuera de mar.

En los últimos años había envejecido de golpe, y no había vuelto a la calle. Pasaba la mayor parte del tiempo en su cubil de portero, solo en alma, como vivió siempre. Cocinaba su propia comida en una lata y un fogoncillo de alcohol, pero con eso le bastaba para deleitarnos a todos con las exquiseteces de la cocina gótica. Desde el amanecer se ocupaba de los inquilinos, piso por piso, y era uno de los hombres más serviciales que conocí nunca, con la generosidad involuntaria y la ternura áspera de los catalanes. Hablaba poco, pero su estilo era directo y certero. Cuando no tenía nada más que hacer pasaba horas llenando formularios de pronósticos para el fútbol que muy pocas veces hacía sellar.

Aquel día, mientras aseguraba puertas y ventanas en previsión del desastre, nos habló de la tramontana como si fuera una mujer abominable pero sin la cual su vida carecería de sentido. Me sorprendió que un hombre de mar rindiera semejante tributo a un viento de tierra.

—Es que éste es más antiguo —dijo.

Daba la impresión de que no tenía su año dividido en días y meses, sino en el número de veces que venía la tramontana. «El año pasado, como tres días después de la segunda tramontana, tuve una crisis de cólicos», me dijo alguna vez. Quizás eso explicaba su creencia de que después de cada tramontana uno quedaba varios años más viejo. Era tal su obsesión, que nos infundió la ansiedad de conocerla como una visita mortal y apetecible.

No hubo que esperar mucho. Apenas salió el portero se escuchó un silbido que poco a poco se fue haciendo más agudo e intenso, y se disolvió en un estruendo de temblor de tierra. Entonces empezó el viento. Primero en ráfagas espaciadas cada vez más frecuentes, hasta que una se quedó inmóvil, sin una pausa, sin un alivio, con una intensidad y una sevicia que tenía algo de sobrenatural. Nuestro apartamento, al contrario de lo usual en el Caribe, estaba de frente a la montaña, debido quizás a ese raro gusto de los catalanes rancios que aman el mar pero sin verlo. De modo que el viento nos daba de frente y amenazaba con reventar las amarras de las ventanas.

Lo que más me llamó la atención era que el tiempo seguía siendo de una belleza irrepetible, con un sol de oro y el cielo impávido. Tanto, que decidí salir a la calle con los niños para ver el estado del mar. Ellos, al fin y al cabo, se habían criado entre los terremotos de México y los huracanes del Caribe, y un viento de más o de menos no nos pareció nada para inquietar a nadie. Pasamos en puntillas por el cubil del portero, y lo vimos estático frente a un plato de frijoles con chorizo, contemplando el viento por la ventana. No nos vio salir.

Logramos caminar mientras nos mantuvimos al socaire de la casa, pero al salir a la esquina desamparada tuvimos que abrazarnos a un poste para no ser arrastrados por la potencia del viento. Estuvimos así, admirando el mar inmóvil y diáfano en medio del cataclismo, hasta que el portero, ayudado por algunos vecinos, llegó a rescatarnos. Sólo entonces nos convencimos de que lo único racional era permanecer encerrados en casa hasta que Dios quisiera. Y nadie tenía entonces la menor idea de cuándo lo iba a querer.

Al cabo de dos días teníamos la impresión de que aquel viento pavoroso no era un fenómeno telúrico, sino un agravio personal que alguien estaba haciendo contra uno, y sólo contra uno. El portero nos visitaba varias veces al día, preocupado por nuestro estado de ánimo, y nos llevaba frutas de la estación y alfajores para los niños. Al almuerzo del martes nos regaló con la pieza maestra de la huerta catalana, preparada en su lata de cocina: conejo con caracoles. Fue una fiesta en medio del horror.

El miércoles, cuando no sucedió nada más que el viento, fue el día más largo de mi vida. Pero debió ser algo como la oscuridad del amanecer, porque después de la media noche despertamos todos al mismo tiempo, abrumados por un silencio absoluto que sólo podía ser el de la muerte. No se movía una hoja de los árboles por el lado de la montaña. De modo que salimos a la calle cuando aún no había luz en el cuarto del portero, y gozamos del cielo de la madrugada con todas sus estrellas encendidas, y del mar fosforescente. A pesar de que eran menos de las cinco, muchos turistas gozaban del alivio en las piedras de la playa, y empezaban a aparejar los veleros después de tres días de penitencia.

Al salir no nos había llamado la atención que estuviera a oscuras el cuarto del portero. Pero cuando regresamos a casa el aire tenía ya la misma fosforescencia del mar, y aún seguía apagado su cubil. Extrañado, toqué dos veces, y en vista de que no respondía, empujé la puerta. Creo que los niños lo vieron primero que yo, y soltaron un grito de espanto. El viejo portero, con sus insignias de navegante distinguido prendidas en la solapa de su chaqueta de mar, estaba colgado del cuello en la viga central, balanceándose todavía por el último soplo de la tramontana.

En plena convalecencia, y con un sentimiento de nostalgia anticipada, nos fuimos del pueblo antes de lo previsto, con la determinación irrevocable de no volver jamás. Los turistas estaban otra vez en la calle, y había música en la plaza de los veteranos, que apenas si tenían ánimos para golpear los boliches de la petanca. A través de los cristales polvorientos del bar *Marítim* alcanzamos a ver algunos amigos sobrevivientes, que empezaban la vida otra vez en la primavera radiante de la tramontana. Pero ya todo aquello pertenecía al pasado.

Por eso, en la madrugada triste del *Boccacio*, nadie entendía como yo el terror de alguien que se negara a volver a Cadaqués porque estaba seguro de morir. Sin embargo, no hubo modo de disuadir a los suecos, que terminaron llevándose al chico por la fuerza con la pretensión europea de aplicarle una cura de burro a sus supercherías africanas. Lo metieron pataleando en una camioneta de borrachos, en medio de los aplausos y las rechiflas de la clientela dividida, y emprendieron a esa hora el largo viaje hacia Cadaqués.

La mañana siguiente me despertó el teléfono. Había olvidado cerrar las cortinas al regreso de la fiesta y no tenía la menor idea de la hora, pero la alcoba estaba rebozada por el esplendor del verano. La voz ansiosa en el teléfono, que no alcancé a reconocer de inmediato, acabó por despertarme.

—¿Te acuerdas del chico que se llevaron anoche para Cadaqués?

No tuve que oír más. Sólo que no fue como me lo había imaginado, sino aún más dramático. El chico, despavorido por la inminencia del regreso, aprovechó un descuido de los suecos venáticos y se lanzó al abismo desde la camioneta en marcha, tratando de escapar de una muerte ineluctable.

Enero 1982.

El verano feliz de la señora Forbes

POR LA TARDE, de regreso a casa, encontramos una enorme serpiente de mar clavada por el cuello en el marco de la puerta, y era negra y fosforescente y parecía un maleficio de gitanos, con los ojos todavía vivos y los dientes de serrucho en las mandíbulas despernancadas. Yo andaba entonces por los nueve años, y sentí un terror tan intenso ante aquella aparición de delirio, que se me cerró la voz. Pero mi hermano, que era dos años menor que yo, soltó los tanques de oxígeno, las máscaras y las aletas de nadar y salió huyendo con un grito de espanto. La señora Forbes lo oyó desde la tortuosa escalera de piedras que trepaba por los arrecifes desde el embarcadero hasta la casa, y nos alcanzó, acezante y lívida, pero le bastó con ver al animal crucificado en la puerta para comprender la causa de nuestro horror. Ella solía decir que cuando dos niños están juntos ambos son culpables de lo que cada uno hace por separado, de modo que nos reprendió a ambos por los gritos de mi hermano, y nos siguió recriminando nuestra falta de dominio. Habló en alemán, y no en inglés, como lo establecía su contrato de institutriz, tal vez porque también ella estaba asustada y se resistía a admitirlo. Pero tan pronto como recobró el aliento volvió a su inglés pedregoso y a su obsesión pedagógica.

—Es una *muræna helena* —nos dijo—, así llamada porque fue un animal sagrado para los griegos antiguos.

Oreste, el muchacho nativo que nos enseñaba a nadar en aguas profundas, apareció de pronto detrás de los arbustos de alcaparras. Llevaba la máscara de buzo en la frente, un pantalón de baño minúsculo y un cinturón de cuero con seis cuchillos, de formas y tamaños distintos, pues no concebía otra manera de cazar debajo del agua que peleando cuerpo a cuerpo con los animales. Tenía unos veinte años, pasaba más tiempo en los fondos marinos que en la tierra firme y él mismo parecía un animal de mar con el cuerpo siempre embadurnado de grasa de motor. Cuando lo vio por primera vez, la señora Forbes había dicho a mis padres que era imposible concebir un ser humano más hermoso. Sin embargo, su belleza no lo ponía a salvo del rigor: también él tuvo que soportar una reprimenda en italiano por haber colgado la murena en la puerta, sin otra explicación posible que la de asustar a los niños. Luego, la señora Forbes ordenó que la desclavara con el respeto debido a una criatura mítica y nos mandó a vestirnos para la cena.

Lo hicimos de inmediato y tratando de no cometer un solo error, porque al cabo de dos semanas bajo el régimen de la señora Forbes habíamos aprendido que nada era más difícil que vivir. Mientras nos duchábamos en el baño en penumbra, me di cuenta de que mi hermano seguía pensando en la murena. «Tenía ojos de gente», me dijo. Yo estaba de acuerdo, pero le hice creer lo contrario, y conseguí cambiar de tema hasta que terminé de bañarme. Pero cuando salí de la ducha me pidió que me quedara para acompañarlo.

—Todavía es de día —le dije.

Abrí las cortinas. Era pleno agosto, y a través de la ventana se veía la ardiente llanura lunar hasta el otro lado de la isla, y el sol parado en el cielo.

—No es por eso —dijo mi hermano—. Es que tengo miedo de tener miedo.

Sin embargo, cuando llegamos a la mesa parecía tranquilo, y había hecho las cosas con tanto esmero que mereció una felicitación especial de la señora Forbes, y dos puntos más en su buena cuenta de la semana. A mí, en cambio, me descontó dos puntos de los cinco que ya tenía ganados, porque a última hora me dejé arrastrar por la prisa y llegué al comedor con la respiración alterada. Cada cincuenta puntos nos daban derecho a una doble ración de postre, pero ninguno de los dos había logrado pasar de los quince puntos. Era una lástima, de veras, porque nunca volvimos a encontrar unos pudines más deliciosos que los de la señora Forbes.

Antes de empezar la cena rezábamos de pie frente a los platos vacíos. La señora Forbes no era católica, pero su contrato estipulaba que nos hiciera rezar seis veces al día, y había aprendido nuestras oraciones para cumplirlo. Luego nos sentábamos los tres, reprimiendo la respiración mientras ella comprobaba hasta el detalle más ínfimo de nuestra conducta, y sólo cuando todo parecía perfecto hacía sonar la campanita. Entonces entraba Fulvia Flamínea, la cocinera, con la eterna sopa de fideos de aquel verano aborrecible.

Al principio, cuando estábamos solos con nuestros padres, la comida era una fiesta. Fulvia Flamínea nos servía cacareando en torno a la mesa, con una vocación de desorden que alegraba la vida, y al final se sentaba con nosotros y terminaba comiendo un poco de los platos de todos. Pero desde que la señora Forbes se hizo cargo de nuestro destino nos servía en un silencio tan oscuro, que podíamos oír el borboriteo de la sopa hirviendo en la marmita. Cenábamos con la espina dorsal apoyada en el espaldar de la silla, masticando diez veces con un carrillo y diez veces con el otro, sin apartar la vista de la férrea y lánguida mujer otoñal, que recitaba de memoria una lección de urbanidad. Era igual que la misa del domingo, pero sin el consuelo de la gente cantando.

El día en que encontramos la murena colgada en la puerta, la señora Forbes nos habló de los deberes para con la patria. Fulvia Flamínea, casi flotando en el aire enrarecido por la voz, nos sirvió después de la sopa un filete al carbón de una carne nevada con un olor exquisito. A mí, que desde entonces prefería el pescado a cualquier otra cosa de comer de la tierra o del cielo, aquel recuerdo de nuestra casa de Guacamayal me alivió el corazón. Pero mi hermano rechazó el plato sin probarlo.

—No me gusta —dijo.

La señora Forbes interrumpió la lección.

—No puedes saberlo —le dijo—, ni siquiera lo has probado.

Dirigió a la cocinera una mirada de alerta, pero ya era demasiado tarde.

—La murena es el pescado más fino del mundo, *figlio mio* —le dijo Fulvia Flamínea—. Pruébalo y verás.

La señora Forbes no se alteró. Nos contó, con su método inclemente, que la murena era un manjar de reyes en la antigüedad, y que los guerreros se disputaban su hiel porque infundía un coraje sobrenatural. Luego nos repitió, como tantas veces en tan poco tiempo, que el buen gusto no es una facultad congénita, pero que tampoco se enseña a ninguna edad, sino que se impone desde la infancia. De manera que no había ninguna razón válida para no comer. Yo, que había probado la murena antes de saber lo que era, me quedé para siempre con la contradicción: tenía un sabor terso, aunque un poco melancólico, pero la imagen de la serpiente clavada en el dintel era más apremiante que mi apetito. Mi hermano hizo un esfuerzo supremo con el primer bocado, pero no pudo soportarlo: vomitó.

—Vas al baño —le dijo la señora Forbes sin alterarse—, te lavas bien y vuelves a comer.

Sentí una gran angustia por él, pues sabía cuánto le costaba atravesar la casa entera con las primeras sombras y permanecer solo en el baño el tiempo necesario para lavarse. Pero volvió muy pronto, con otra camisa limpia, pálido y apenas sacudido por un temblor recóndito, y resistió muy bien el examen severo de su limpieza. Entonces la señora Forbes trinchó un pedazo de la murena, y dio la orden de seguir. Yo pasé un segundo bocado a duras penas. Mi hermano, en cambio, ni siquiera cogió los cubiertos.

—No lo voy a comer —dijo.

Su determinación era tan evidente, que la señora Forbes la esquivó.

—Está bien —dijo—, pero no comerás postre.

El alivio de mi hermano me infundió su valor. Crucé los cubiertos sobre el plato, tal como la señora Forbes nos enseñó que debía hacerse al terminar, y dije:

—Yo tampoco comeré postre.

—Ni verán la televisión —replicó ella.

—Ni veremos la televisión —dije.

La señora Forbes puso la servilleta sobre la mesa, y los tres nos levantamos para rezar. Luego nos mandó al dormitorio, con la advertencia de que debíamos dormirnos en el mismo tiempo que ella necesitaba para acabar de comer. Todos nuestros puntos buenos quedaron anulados, y sólo a partir de veinte volveríamos a disfrutar de sus pasteles de crema, sus tartas de vainilla, sus exquisitos bizcochos de ciruelas, como no habíamos de conocer otros en el resto de nuestras vidas.

Tarde o temprano teníamos que llegar a esa ruptura. Durante un año entero habíamos esperado con ansiedad aquel verano libre en la isla de Pantelaria, en el extremo meridional de Sicilia, y lo había sido en realidad durante el primer mes, en que nuestros padres estuvieron con nosotros. Todavía recuerdo como un sueño la llanura solar de rocas volcánicas, el mar eterno, la casa pintada de cal viva hasta los sardineles, desde cuyas ventanas se veían en las noches sin viento las aspas luminosas de los faros de África. Explorando con mi padre los fondos dormidos alrededor de la isla habíamos descubierto una ristra de torpedos amarillos, encallados desde la última guerra; habíamos rescatado un ánfora griega de casi un metro de altura, con guirnaldas petrificadas, en cuyo fondo yacían los rescoldos de un vino inmemorial y venenoso, y nos habíamos bañado en un remanso humeante, cuyas aguas eran tan densas que casi se podía caminar sobre ellas. Pero la revelación más deslumbrante para nosotros había sido Fulvia Flamínea. Parecía un obispo feliz, y siempre andaba con una ronda de gatos soñolientos que le estorbaban para caminar, pero ella decía que no los soportaba por amor, sino para impedir que se la comieran las ratas. De noche, mientras nuestros padres veían en la televisión los programas para adultos, Fulvia Flamínea nos llevaba con ella a su casa, a menos de cien metros de la nuestra, y nos enseñaba a distinguir las algarabías remotas, las canciones, las ráfagas de llanto de los vientos de Túnez. Su marido era un hombre demasiado joven para ella, que trabajaba durante el verano en los hoteles de turismo, al otro extremo de la isla, y sólo volvía a casa para dormir. Oreste vivía con sus padres un poco más lejos, y aparecía siempre por la noche con ristras de pescados y canastas de langostas acabadas de pescar, y las colgaba en la cocina para que el marido de Fulvia Flamínea las vendiera al día siguiente en los hoteles. Después se ponía otra vez la linterna de buzo en la frente y nos llevaba a cazar las ratas de monte, grandes como conejos, que acechaban los residuos de las cocinas. A veces volvíamos a casa cuando nuestros padres se habían acostado, y apenas si podíamos dormir con el estruendo de las ratas disputándose las sobras en los patios. Pero aun aquel estorbo era un ingrediente mágico de nuestro verano feliz.

La decisión de contratar una institutriz alemana sólo podía ocurrírsele a mi pade, que era un escritor del Caribe con más ínfulas que talento. Deslumbrado por las cenizas de las glorias de Europa, siempre pareció demasiado ansioso por hacerse perdonar su origen, tanto en los libros como en la vida real, y se había impuesto la fantasía de que no quedara en sus hijos ningún vestigio de su propio pasado. Mi madre siguió siendo siempre tan humilde como lo había sido de maestra errante en la alta Guajira, y nunca se imaginó que su marido pudiera concebir una idea que no fuera providencial. De modo que ninguno de los dos debió preguntarse con el corazón cómo iba a ser nuestra vida con una sargenta de Dortmund, empeñada en inculcarnos a la fuerza los hábitos más rancios de la sociedad europea, mientras ellos participaban con cuarenta escritores de moda en un crucero cultural de cinco semanas por las islas del mar Egeo.

La señora Forbes llegó el último sábado de julio en el barquito regular de Palermo, y desde que la vimos por primera vez nos dimos cuenta de que la fiesta había terminado. Llegó con unas botas de miliciano y un vestido de solapas cruzadas en aquel calor meridional, y con el pelo cortado como el de un hombre bajo el sombrero de fieltro. Olía a orines de mico. «Así huelen todos los europeos, sobre todo en verano», nos dijo mi padre. «Es el olor de la civilización.» Pero, a despecho de su atuendo marcial, la señora Forbes era una criatura escuálida, que tal vez nos habría suscitado una cierta compasión si hubiéramos sido mayores o si ella hubiera tenido algún vestigio de ternura. El mundo se volvió distinto. Las seis horas de mar, que desde el principio del verano habían sido un continuo ejercicio de imaginación, se convirtieron en una sola hora igual, muchas veces repetida. Cuando estábamos con nuestros padres disponíamos de todo el tiempo para nadar con Oreste, asombrados del arte y la audacia con que se enfrentaba a los pulpos en su propio ámbito turbio de tinta y de sangre, sin más armas que sus cuchillos de pelea. Después siguió llegando a las once en el botecito de motor fuera borda, como lo hacía siempre, pero la señora Forbes no le permitía quedarse con nosotros ni un minuto más del indispensable para la clase de natación submarina. Nos prohibió volver de noche a la casa de Fulvia Flamínea, porque lo consideraba como una familiaridad excesiva con la servidumbre, y tuvimos que dedicar a la lectura analítica de Shakespeare el tiempo de que antes disfrutábamos cazando ratas. Acostumbrados a robar mangos en los patios y a matar perros a ladrillazos en las calles ardientes de Guacamayal, para nosotros era imposible concebir un tormento más cruel que aquella vida de príncipes.

Sin embargo, muy pronto nos dimos cuenta de que la señora Forbes no era tan estricta consigo misma como lo era con nosotros, y esa fue la primera grieta de su autoridad. Al principio se quedaba en la playa bajo el parasol de colores, vestida de guerra, leyendo baladas de Schiller mientras Oreste nos enseñaba a bucear, y luego nos daba clases teóricas de buen comportamiento en sociedad, horas tras horas, hasta la pausa del almuerzo.

Un día pidió a Oreste que la llevara en el botecito de motor a las tiendas de turistas de los hoteles, y regresó con un vestido de baño enterizo, negro y tornasolado, como un pellejo de foca, pero nunca se metió en el agua. Se asoleaba en la playa mientras nosotros nadábamos, y se secaba el sudor con la toalla, sin pasar por la regadera, de modo que a los tres días parecía una langosta en carne viva y el olor de su civilización se había vuelto irrespirable.

Sus noches eran de desahogo. Desde el principio de

su mandato sentíamos que alguien caminaba por la oscuridad de la casa, braceando en la oscuridad, y mi hermano llegó a inquietarse con la idea de que fueran los ahogados errantes de que tanto nos había hablado Fulvia Flamínea. Muy pronto descubrimos que era la señora Forbes, que se pasaba la noche viviendo la vida real de mujer solitaria que ella misma se hubiera reprobado durante el día. Una madrugada la sorprendimos en la cocina, con el camisón de dormir de colegiala, preparando sus postres espléndidos, con todo el cuerpo embadurnado de harina hasta la cara y tomándose un vaso de oporto con un desorden mental que habría causado el escándalo de la otra señora Forbes. Ya para entonces sabíamos que después de acostarnos no se iba a su dormitorio, sino que bajaba a nadar a escondidas, o se quedaba hasta muy tarde en la sala, viendo sin sonido en la televisión las películas prohibidas para menores, mientras comía tartas enteras y se bebía hasta una botella del vino especial que mi padre guardaba con tanto celo para las ocasiones memorables. Contra sus propias prédicas de austeridad y compostura, se atragantaba sin sosiego, con una especie de pasión desmandada. Después la oíamos hablando sola en su cuarto, la oíamos recitando en su alemán melodioso fragmentos completos de *Die Jungfrau von Orleans*, la oíamos cantar, la oíamos sollozando en la cama hasta el amanecer, y luego aparecía en el desayuno con los ojos hinchados de lágrimas, cada vez más lúgubre y autoritaria. Ni mi hermano ni yo volvimos a ser tan desdichados como entonces, pero yo estaba dispuesto a soportarla hasta el final, pues sabía que de todos modos su razón había de prevalecer contra la nuestra. Mi hermano, en cambio, se le enfrentó con todo el ímpetu de su carácter, y el verano feliz se nos volvió infernal. El episodio de la murena fue el último límite. Aquella misma noche, mientras oíamos desde la cama el trajín incesante de la señora Forbes en la casa dormida, mi hermano soltó de golpe toda la carga del rencor que se le estaba pudriendo en el alma.

—La voy a matar —dijo.

Me sorprendió, no tanto por su decisión, como por la casualidad de que yo estuviera pensando lo mismo desde la cena. No obstante, traté de disuadirlo.

—Te cortarán la cabeza —le dije.

—En Sicilia no hay guillotina —dijo él—. Además, nadie va a saber quién fue.

Pensaba en el ánfora rescatada de las aguas, donde estaba todavía el sedimento del vino mortal. Mi padre lo guardaba porque quería hacerlo someter a un análisis más profundo para averiguar la naturaleza de su veneno, pues no podía ser el resultado del simple transcurso del tiempo. Usarlo contra la señora Forbes era algo tan fácil, que nadie iba a pensar que no fuera accidente o suicidio. De modo que al amanecer, cuando la sentimos caer extenuada por la fragorosa vigilia, echamos vino del ánfora en la botella del vino especial de mi padre. Según habíamos oído decir, aquella dosis era bastante para matar un caballo.

El desayuno lo tomábamos en la cocina a las nueve en punto, servido por la propia señora Forbes con los panecillos de dulce que Fulvia Flamínea dejaba muy temprano sobre la hornilla. Dos días después de la sustitución del vino, mientras desayunábamos, mi hermano me hizo caer en la cuenta con una mirada de desencanto que la botella envenenada estaba intacta en el aparador. Eso fue un viernes, y la botella siguió intacta durante el fin de semana. Pero la noche del martes, la señora Forbes se bebió la mitad mientras veía las películas libertinas de la televisión.

Sin embargo, llegó tan puntual como siempre al desayuno del miércoles. Tenía su cara habitual de mala noche, y los ojos estaban tan ansiosos como siempre detrás de los vidrios macizos, y se le volvieron aún más ansiosos cuando encontró en la canasta de los panecillos una carta con sellos de Alemania. La leyó mientras tomaba el café, como tantas veces nos había dicho que no se debía hacer, y en el curso de la lectura le pasaban por la cara las ráfagas de claridad que irradiaban las palabras escritas. Luego arrancó las estampillas del sobre y las puso en la canasta con los panecillos sobrantes para la colección del marido de Fulvia Flamínea. A pesar de su mala experiencia inicial, aquel día nos acompañó en la exploración de los fondos marinos, y estuvimos divagando por un mar de aguas delgadas hasta que se nos empezó a agotar el aire de los tanques y volvimos a casa sin tomar la lección de buenas costumbres. La señora Forbes no sólo estuvo de un ánimo floral durante todo el día, sino que a la hora de la cena parecía más viva que nunca. Mi hermano, por su parte, no podía soportar el desaliento. Tan pronto como recibimos la orden de empezar apartó el plato de sopa de fideos con un gesto provocador.

—Estoy hasta los cojones de esta agua de lombrices —dijo.

Fue como si hubiera tirado en la mesa una granada de guerra. La señora Forbes se puso pálida, sus labios se endurecieron hasta que empezó a disiparse el humo de la explosión, y los vidrios de sus lentes se empañaron de lágrimas. Luego se los quitó, los secó con la servilleta, y antes de levantarse la puso sobre la mesa con la amargura de una capitulación sin gloria.

—Hagan lo que les dé la gana —dijo—. Yo no existo.

Se encerró en su cuarto desde las siete. Pero antes de la media noche, cuando ya nos suponía dormidos, la vimos pasar con el camisón de colegiala y llevando para el dormitorio medio pastel de chocolate y la botella con más de cuatro dedos del vino envenenado. Sentí un temblor de lástima.

—Pobre señora Forbes —dije.

Mi hermano no respiraba en paz.

—Pobres nosotros si no se muere esta noche —dijo.

Aquella madrugada volvió a hablar sola por un largo rato, declamó a Schiller a grandes voces, inspirada por una locura frenética, y culminó con un grito final que ocupó todo el ámbito de la casa. Luego suspiró muchas veces hasta el fondo del alma y sucumbió con un silbido triste y continuo como el de una barca a la deriva. Cuando despertamos, todavía agotados por la tensión de la vigilia, el sol se metía a cuchilladas por las persianas, pero la casa parecía sumergida en un estanque. Entonces caímos en la cuenta de que iban a ser las diez y no habíamos sido despertados por la rutina matinal de la señora Forbes. No oímos el desagüe del retrete a las ocho, ni el grifo del lavabo, ni el ruido de las persianas, ni las herraduras de las botas y los tres golpes mortales en la puerta con la palma de su mano de negrero. Mi hermano puso la oreja contra el muro, retuvo el aliento para percibir la mínima señal de vida en el cuarto contiguo, y al final exhaló un suspiro de liberación.

—¡Ya está! —dijo—. Lo único que se oye es el mar.

Preparamos nuestro desayuno poco antes de las once, y luego bajamos a la playa con dos cilindros para cada uno y otros dos de repuesto, antes de que Fulvia Flamínea llegara con su ronda de gatos a hacer la limpieza de la casa. Oreste estaba ya en el embarcadero destripando una dorada de seis libras que acababa de cazar. Le dijimos que habíamos esperado a la señora Forbes hasta las once, y en vista de que continuaba dormida decidimos bajar solos al mar. Le contamos además que la noche anterior había sufrido una crisis de llanto en la mesa, y tal vez había dormido mal y prefirió quedarse en la cama. A Oreste no le interesó demasiado la explicación, tal como nosotros lo esperábamos, y nos acompañó a merodear poco más de una hora por los fondos marinos. Después nos indicó que subiéramos a almorzar, y se fue en el botecito de motor a vender la dorada en los hoteles de los turistas. Desde la escalera de piedra le dijimos adiós con la mano, haciéndole creer que nos disponíamos a subir a la casa, hasta que desapareció en la vuelta de los acantilados. Entonces nos pusimos los tanques de oxígeno y seguimos nadando sin permiso de nadie.

El día estaba nublado y había un clamor de truenos oscuros en el horizonte, pero el mar era liso y diáfano y se bastaba de su propia luz. Nadamos en la superficie hasta la línea del faro de Pantelaria, doblamos luego unos

cien metros a la derecha y nos sumergimos donde calcu-
lábamos que habíamos visto los torpedos de guerra en
el principio del verano. Allí estaban: eran seis, pintados
de amarillo solar y con sus números de serie intactos,
y acostados en el fondo volcánico en un orden perfecto
que no podía ser casual. Luego seguimos girando alrededor del faro, en busca de la ciudad sumergida de que
tanto y con tanto asombro nos había hablado Fulvia
Flamínea, pero no pudimos encontrarla. Al cabo de dos
horas, convencidos de que no había nuevos misterios
por descubrir, salimos a la superficie con el último sor-
bo de oxígeno.

Se había precipitado una tormenta de verano mientras nadábamos, el mar estaba revuelto, y una muchedumbre de pájaros carniceros revoloteaba con chillidos
feroces sobre el reguero de pescados moribundos en la
playa. Pero la luz de la tarde parecía acabada de hacer,
y la vida era buena sin la señora Forbes. Sin embargo,
cuando acabamos de subir a duras penas por la escalera
de los acantilados, vimos mucha gente en la casa y dos
automóviles de la policía frente a la puerta, y entonces
tuvimos conciencia por primera vez de lo que habíamos
hecho. Mi hermano se puso trémulo y trató de regresar.

—Yo no entro —dijo.

Yo, en cambio, tuve la inspiración confusa de que
con sólo ver el cadáver estaríamos a salvo de toda sospecha.

—Tate tranquilo —le dije—. Respira hondo, y piensa sólo una cosa: nosotros no sabemos nada.

Nadie nos puso atención. Dejamos los tanques, las
máscaras y las aletas en el portal, y entramos por la ga-

lería lateral, donde estaban dos hombres fumando sentados en el suelo junto a una camilla de campaña. Entonces nos dimos cuenta de que había una ambulancia en la puerta posterior y varios militares armados de rifles. En la sala, las mujeres del vecindario rezaban en dialecto sentadas en las sillas que habían sido puestas contra la pared, y sus hombres estaban amontonados en el patio hablando de cualquier cosa que no tenía nada que ver con la muerte. Apreté con más fuerza la mano de mi hermano, que estaba dura y helada, y entramos en la casa por la puerta posterior. Nuestro dormitorio estaba abierto y en el mismo estado en que lo dejamos por la mañana. En el de la señora Forbes, que era el siguiente, había un carabinero armado controlando la entrada, pero la puerta estaba abierta. Nos asomamos al interior con el corazón oprimido, y apenas tuvimos tiempo de hacerlo cuando Fulvia Flamínea salió de la cocina como una ráfaga y cerró la puerta con un grito de espanto:

—¡Por el amor de Dios, *figlioli*, no la vean!

Ya era tarde. Nunca, en el resto de nuestras vidas, habíamos de olvidar lo que vimos en aquel instante fugaz. Dos hombres de civil estaban midiendo la distancia de la cama a la pared con una cinta métrica, mientras otro tomaba fotografías con una cámara de manta negra como las de los fotógrafos de los parques. La señora Forbes no estaba sobre la cama revuelta. Estaba tirada de medio lado en el suelo, desnuda en un charco de sangre seca que había teñido por completo el piso de la habitación, y tenía el cuerpo cribado a puñaladas. Eran veintisiete heridas de muerte, y por la cantidad y la sevicia se notaba que habían sido asestadas con la furia de un amor sin sosiego, y que la señora Forbes las había recibido con la misma pasión, sin gritar siquiera, sin llorar, recitando a Schiller con su hermosa voz de soldado, consciente de que era el precio inexorable de su verano feliz.

1976.

La luz es como el agua

EN NAVIDAD los niños volvieron a pedir un bote de remos.

—De acuerdo —dijo el papá—, lo compraremos cuando volvamos a Cartagena.

Totó, de nueve años, y Joel, de siete, estaban más decididos de lo que sus padres creían.

—No —dijeron a coro—. Nos hace falta ahora y aquí.

—Para empezar —dijo la madre—, aquí no hay más aguas navegables que la que sale de la ducha.

Tanto ella como el esposo tenían razón. En la casa de Cartagena de Indias había un patio con un muelle sobre la bahía, y un refugio para dos yates grandes. En cambio aquí en Madrid vivían apretujados en el piso quinto del número 47 del Paseo de la Castellana. Pero al final ni él ni ella pudieron negarse, porque les habían prometido un bote de remos con su sextante y su brújula si se ganaban el laurel del tercer año de primaria, y se lo habían ganado. Así que el papá compró todo sin decirle nada a su esposa, que era la más reacia a pagar deudas de juego. Era un precioso bote de aluminio con un hilo dorado en la línea de flotación.

—El bote está en el garaje —reveló el papá en el almuerzo—. El problema es que no hay cómo subirlo ni por el ascensor ni por la escalera, y en el garaje no hay más espacio disponible.

Sin embargo, la tarde del sábado siguiente los niños invitaron a sus condiscípulos para subir el bote por las escaleras, y lograron llevarlo hasta el cuarto de servicio.

—Felicitaciones —les dijo el papá—. ¿Y ahora qué?

—Ahora nada —dijeron los niños—. Lo único que queríamos era tener el bote en el cuarto, y ya está.

La noche del miércoles, como todos los miércoles, los padres se fueron al cine. Los niños, dueños y señores de la casa, cerraron puertas y ventanas, y rompieron la bombilla encendida de una lámpara de la sala. Un chorro de luz dorada y fresca como el agua empezó a salir de la bombilla rota, y lo dejaron correr hasta que el nivel llegó a cuatro palmos. Entonces cortaron la corriente, sacaron el bote, y navegaron a placer por entre las islas de la casa.

Esta aventura fabulosa fue el resultado de una ligereza mía cuando participaba en un seminario sobre la poesía de los utensilios domésticos. Totó me preguntó cómo era que la luz se encendía con sólo apretar un botón, y yo no tuve el valor de pensarlo dos veces.

—La luz es como el agua —le contesté—: uno abre el grifo, y sale.

De modo que siguieron navegando los miércoles en la noche, aprendiendo el manejo del sextante y la brújula, hasta que los padres regresaban del cine y los encontraban dormidos como ángeles de tierra firme. Meses después, ansiosos de ir más lejos, pidieron un equipo de pesca submarina. Con todo: máscaras, aletas, tanques y escopetas de aire comprimido.

—Está mal que tengan en el cuarto de servicio un bote de remos que no les sirve para nada —dijo el padre—. Pero está peor que quieran tener además equipos de buceo.

—¿Y si nos ganamos la gardenia de oro del primer semestre? —dijo Joel.

—No —dijo la madre, asustada—. Ya no más.

El padre le reprochó su intransigencia.

—Es que estos niños no se ganan ni un clavo por cumplir con su deber —dijo ella—, pero por un capricho son capaces de ganarse hasta la silla del maestro.

Los padres no dijeron al fin ni que sí ni que no. Pero Totó y Joel, que habían sido los últimos en los dos años anteriores, se ganaron en julio las dos gardenias de oro y el reconocimiento público del rector. Esa misma tarde, sin que hubieran vuelto a pedirlos, encontraron en el dormitorio los equipos de buzos en su empaque original. De modo que el miércoles siguiente, mientras los padres veían *El último tango en París*, llenaron el apartamento hasta la altura de dos brazas, bucearon como tiburones mansos por debajo de los muebles y las camas, y rescataron del fondo de la luz las cosas que durante años se habían perdido en la oscuridad.

En la premiación final los hermanos fueron aclamados como ejemplo para la escuela, y les dieron diplomas de excelencia. Esta vez no tuvieron que pedir nada, porque los padres les preguntaron qué querían. Ellos fueron tan razonables, que sólo quisieron una fiesta en casa para agasajar a los compañeros de curso.

El papá, a solas con su mujer, estaba radiante.

—Es una prueba de madurez —dijo.

—Dios te oiga —dijo la madre.

El miércoles siguiente, mientras los padres veían *La Batalla de Argel*, la gente que pasó por la Castellana vio una cascada de luz que caía de un viejo edificio escondido entre los árboles. Salía por los balcones, se derramaba a raudales por la fachada, y se encauzó por la gran avenida en un torrente dorado que iluminó la ciudad hasta el Guadarrama.

Llamados de urgencia, los bomberos forzaron la puerta del quinto piso, y encontraron la casa rebosada de luz hasta el techo. El sofá y los sillones forrados en piel de leopardo flotaban en la sala a distintos niveles, entre las botellas del bar y el piano de cola y su mantón de Manila que aleteaba a media agua como una mantarraya de oro. Los utensilios domésticos, en la plenitud de su poesía, volaban con sus propias alas por el cielo de la cocina. Los instrumentos de la banda de guerra, que los niños usaban para bailar, flotaban al garete entre los peces de colores liberados de la pecera de mamá, que eran los únicos que flotaban vivos y felices en la vasta ciénaga iluminada. En el cuarto de baño flotaban los cepillos de dientes de todos, los preservativos de papá, los pomos de cremas y la dentadura de repuesto de mamá, y el televisor de la alcoba principal flotaba de costado, todavía encendido en el último episodio de la película de media noche prohibida para niños.

Al final del corredor, flotando entre dos aguas, Totó estaba sentado en la popa del bote, aferrado a los remos y con la máscara puesta, buscando el faro del puerto hasta donde le alcanzó el aire de los tanques, y Joel flotaba en la proa buscando todavía la altura de la estrella polar con el sextante, y flotaban por toda la casa sus treinta y siete compañeros de clase eternizados en el instante de hacer pipí en la maceta de geranios, de cantar el himno de la escuela con la letra cambiada por versos de burla contra el rector, de beberse a escondidas un vaso de brandy de la botella de papá. Pues habían abierto tantas luces al mismo tiempo que la casa se había rebosado, y todo el cuarto año elemental de la escuela de San Julián el Hospitalario se había ahogado en el piso quinto del número 47 del Paseo de la Castellana. En Madrid de España, una ciudad remota de veranos ardientes y vientos helados, sin mar ni río, y cuyos aborígenes de tierra firme nunca fueron maestros en la ciencia de navegar en la luz.

Diciembre 1978.

EL RASTRO DE TU SANGRE EN LA NIEVE

Aʟ ᴀɴᴏᴄʜᴇᴄᴇʀ, cuando llegaron a la frontera, Nena Daconte se dio cuenta de que el dedo con el anillo de bodas le seguía sangrando. El guardia civil con una manta de lana cruda sobre el tricornio de charol examinó los pasaportes a la luz de una linterna de carburo, haciendo un gran esfuerzo para que no lo derribara la presión del viento que soplaba de los Pirineos. Aunque eran dos pasaportes diplomáticos en regla, el guardia levantó la linterna para comprobar que los retratos se parecían a las caras. Nena Daconte era casi una niña, con unos ojos de pájaro feliz y una piel de melaza que todavía irradiaba la resolana del Caribe en el lúgubre anochecer de enero, y estaba arropada hasta el cuello con un abrigo de nucas de visón que no podía comprarse con el sueldo de un año de toda la guarnición fronteriza. Billy Sánchez de Ávila, su marido, que conducía el coche, era un año menor que ella, y casi tan bello, y llevaba una chaqueta de cuadros escoceses y una gorra de pelotero. Al contrario de su esposa, era alto y atlético y tenía las mandíbulas de hierro de los matones tímidos. Pero lo que revelaba mejor la condición de ambos era el automóvil platinado cuyo interior exhalaba un aliento de bestia viva, como no se había visto otro por aquella frontera de pobres. Los asientos posteriores iban atiborrados de maletas demasiado nuevas y muchas cajas de regalos todavía sin abrir. Ahí estaba, además, el saxofón tenor que había sido la pasión dominante en la vida de Nena Daconte antes de que sucumbiera al amor contrariado de su tierno pandillero de balneario.

Cuando el guardia le devolvió los pasaportes sellados, Billy Sánchez le preguntó dónde podían encontrar una farmacia para hacerle una cura en el dedo a su mujer, y el guardia le gritó contra el viento que preguntaran en Hendaya, del lado francés. Pero los guardias de Hendaya estaban sentados a la mesa en mangas de camisa, jugando barajas mientras comían pan mojado en tazones de vino dentro de una garita de cristal cálida y bien alumbrada, y les bastó con ver el tamaño y la clase del coche para indicarles por señas que se internaran en Francia. Billy Sánchez hizo sonar varias veces la bocina, pero los guardias no entendieron que los llamaban, sino que uno de ellos abrió el cristal y les gritó con más rabia que el viento:

—*Merde! Allez-vous-en!*

Entonces Nena Daconte salió del automóvil envuelta con el abrigo hasta las orejas, y le preguntó al guardia en un francés perfecto dónde había una farmacia. El guardia contestó por costumbre con la boca llena de pan que eso no era asunto suyo, y menos con semejante borrasca, y cerró la ventanilla. Pero luego se fijó con atención en la muchacha que se chupaba el dedo herido envuelta en el destello de los visones naturales, y debió confundirla con una aparición mágica en aquella noche de espantos, porque al instante cambió de humor. Explicó que la ciudad más cercana era Biarritz, pero que en pleno invierno y con aquel viento de lobos tal vez no hubiera una farmacia abierta hasta Bayona, un poco más adelante.

—¿Es algo grave? —preguntó.

—Nada —sonrió Nena Daconte, mostrándole el dedo con la sortija de diamantes en cuya yema era apenas perceptible la herida de la rosa—. Es sólo un pinchazo.

Antes de Bayona volvió a nevar. No eran más de las siete, pero encontraron las calles desiertas y las casas cerradas por la furia de la borrasca, y al cabo de muchas vueltas sin encontrar una farmacia decidieron seguir adelante. Billy Sánchez se alegró con la decisión. Tenía una pasión insaciable por los automóviles raros y un papá con demasiados sentimientos de culpa y recursos de sobra para complacerlo, y nunca había conducido nada igual a aquel Bentley convertible de regalo de bodas. Era tanta su embriaguez en el volante que cuanto más andaba menos cansado se sentía. Estaba dispuesto a llegar esa noche a Burdeos, donde tenían reservada la suite nupcial del hotel Splendid, y no habría vientos contrarios ni bastante nieve en el cielo para impedirlo. Nena Daconte, en cambio, estaba agotada, sobre todo por el último tramo de la carretera desde Madrid, que era una cornisa de cabras azotada por el granizo. Así que después de Bayona se enrolló un pañuelo en el anular apretándolo bien para detener la sangre que seguía fluyendo, y se durmió a fondo. Billy Sánchez no lo advirtió sino al borde de la medianoche, después de que acabó de nevar y el viento se paró de pronto entre los pinos y el cielo de las landas se llenó de estrellas glaciales.

Había pasado frente a las luces dormidas de Burdeos, pero sólo se detuvo para llenar el tanque en una estación de la carretera, pues aún le quedaban ánimos para llegar hasta París sin tomar aliento. Era tan feliz con su juguete grande de 25.000 libras esterlinas que ni siquiera se preguntó si lo sería también la criatura radiante que dormía a su lado con la venda del anular empapada de sangre, y cuyo sueño de adolescente, por primera vez, estaba atravesado por ráfagas de incertidumbre.

Se habían casado tres días antes, a diez mil kilómetros de allí, en Cartagena de Indias, con el asombro de los padres de él y la desilusión de los de ella, y la bendición personal del arzobispo primado. Nadie, salvo ellos mismos, entendía el fundamento real ni conoció el origen de ese amor imprevisible. Había empezado tres meses antes de la boda, un domingo de mar en que la pandilla de Billy Sánchez se tomó por asalto los vestidores de mujeres de los balnearios de Marbella. Nena Daconte había cumplido apenas dieciocho años, acababa de regresar del internado de la Châtellenie, en Saint-Blaise, Suiza, hablando cuatro idiomas sin acento y con un dominio maestro del saxofón tenor, y aquel era su primer domingo de mar desde el regreso. Se había desnudado por completo para ponerse el traje de baño cuando empezó la estampida de pánico y los gritos de abordaje en las casetas vecinas, pero no entendió lo que ocurría hasta que la aldaba de su puerta saltó en astillas y vio parada frente a ella al bandolero más hermoso que se podía concebir. Lo único que llevaba puesto era un calzoncillo lineal de falsa piel de leopardo, y tenía el cuerpo apacible y elástico y el color dorado de la gente de mar. En el puño derecho, donde tenía una esclava metálica de gladiador romano, llevaba enrollada una cadena de hierro que le servía de arma mortal, y tenía colgada del cuello una medalla sin santo que palpitaba en silencio con el susto del corazón. Habían estado juntos en la escuela primaria y habían roto muchas piñatas en las fiestas de cumpleaños, pues ambos pertenecían a la estirpe provinciana que manejaba a su arbitrio el destino de la ciudad desde los tiempos de la colonia, pero habían dejado de verse tantos años que no se reconocieron a primera vista. Nena Daconte permaneció de pie, inmóvil, sin hacer nada por ocultar su desnudez intensa. Billy Sánchez cumplió entonces con su rito pueril: se bajó el calzoncito de leopardo y le mostró su respetable animal erguido. Ella lo miró de frente y sin asombro.

—Los he visto más grandes y más firmes —dijo, dominando el terror—. De modo que piensa bien lo que vas a hacer, porque conmigo te tienes que comportar mejor que un negro.

En realidad, Nena Daconte no sólo era virgen, sino que nunca hasta entonces había visto un hombre desnudo, pero el desafío resultó eficaz. Lo único que se le ocurrió a Billy Sánchez fue tirar un puñetazo de rabia contra la pared con la cadena enrollada en la mano, y se astilló los huesos. Ella lo llevó en su coche al hospital, lo ayudó a sobrellevar la convalecencia, y al final aprendieron juntos a hacer el amor de la buena manera. Pasaron las tardes difíciles de junio en la terraza interior de la casa donde habían muerto seis generaciones de próceres de la familia de Nena Daconte, ella tocando canciones de moda en el saxofón, y él con la mano escayolada contemplándola desde el chinchorro con un estupor sin alivio. La casa tenía numerosas ventanas de cuerpo entero que daban al estanque de podredumbre de la bahía, y era una de las más grandes y antiguas del barrio de la Manga, y sin duda la más fea. Pero la terraza de baldosas ajedrezadas donde Nena Daconte tocaba el saxofón era un remanso en el calor de las cuatro, y daba a un patio de sombras grandes con palos de mango y matas de guineo, bajo los cuales había una tumba con una losa sin nombre, anterior a la casa y a la memoria de la familia. Aun los menos entendidos en música pensaban que el sonido del saxofón era anacrónico en una casa de tanta alcurnia. «Suena como un buque», había dicho la abuela de Nena Daconte cuando lo oyó por primera vez. Su madre había tratado en vano de que lo tocara de otro modo, y no como ella lo hacía por comodidad, con la falda recogida hasta los muslos y las rodillas separadas, y con una sensualidad que no le parecía esencial para la música. «No me importa qué instrumento toques», le decía, «con tal de que lo toques con las piernas cerradas». Pero fueron esos aires de adioses de buques y ese encarnizamiento de amor los que le permitieron a Nena Daconte romper la cáscara amarga de Billy Sánchez. Debajo de la triste reputación de bruto que él tenía muy bien sustentada por la confluencia de dos apellidos ilustres, ella descubrió un huérfano asustado y tierno. Llegaron a conocerse tanto mientras se le soldaban los huesos de la mano, que él mismo se asombró de la fluidez con que ocurrió el amor cuando ella lo llevó a su cama de doncella una tarde de lluvias en que se quedaron solos en la casa. Todos los días a esa hora, durante casi dos semanas, retozaron desnudos bajo la mirada atónita de los retratos de guerreros civiles y abuelas insaciables que los habían precedido en el paraíso de aquella cama histórica. Aun en las pausas del amor permanecían desnudos con las ventanas abiertas respirando la brisa de escombros de barcos de la bahía, su olor a mierda, y oyendo en el silencio del saxofón los ruidos cotidianos del patio, la nota única del sapo bajo las matas de guineo, la gota de agua en la tumba de nadie, los pasos naturales de la vida que antes no habían tenido tiempo de conocer.

Cuando los padres de Nena Daconte regresaron a la casa, ellos habían progresado tanto en el amor que ya no les alcanzaba el mundo para otra cosa, y lo hacían a cualquier hora y en cualquier parte, tratando de inventarlo otra vez cada vez que lo hacían. Al principio lo hicieron como mejor podían en los carros deportivos con que el papá de Billy Sánchez trataba de apaciguar sus propias culpas. Después, cuando los coches se les volvieron demasiado fáciles, se metían por la noche en las casetas desiertas de Marbella donde el destino los había enfrentado por primera vez, y hasta se metieron disfrazados durante el carnaval de noviembre en los cuartos de alquiler del antiguo barrio de esclavos de Getsemaní, al amparo de las mamasantas que hasta hacía pocos meses tenían que padecer a Billy Sánchez con su pandilla de cadeneros. Nena Daconte se entregó a los amores furtivos con la misma devoción frenética que antes malgastaba en el saxofón, hasta el punto de que su bandolero domesticado terminó por entender lo que ella quiso decirle cuando le dijo que tenía que comportarse como un negro. Billy Sánchez le correspondió siempre y bien y con el mismo alborozo. Ya casados, cumplieron con el deber de amarse mientras las azafatas dormían en mitad del Atlántico, encerrados a duras penas y más muertos de risa que de placer en el retrete del avión. Sólo ellos sabían entonces, veinticuatro horas después de la boda, que Nena Daconte estaba encinta desde hacía dos meses.

De modo que cuando llegaron a Madrid se sentían muy lejos de ser dos amantes saciados, pero tenían bastantes reservas para comportarse como recién casados puros. Los padres de ambos lo habían previsto todo. Antes del desembarco, un funcionario de protocolo subió a la cabina de primera clase para llevarle a Nena Daconte el abrigo de visón blanco con franjas de un negro luminoso, que era el regalo de bodas de sus padres. A Billy Sánchez le llevó una chaqueta de cordero que era la novedad de aquel invierno, y las llaves sin marca de un coche de sorpresa que le esperaba en el aeropuerto.

La misión diplomática de su país lo recibió en el salón oficial. El embajador y su esposa no sólo eran amigos desde siempre de la familia de ambos, sino que él era el médico que había asistido al nacimiento de Nena Daconte, y la esperó con un ramo de rosas tan radiantes y frescas que hasta las gotas de rocío parecían artificiales. Ella los saludó a ambos con besos de burla, incómoda con su condición un poco prematura de recién casada, y luego recibió las rosas. Al cogerlas se pinchó el dedo con una espina del tallo, pero sorteó el percance con un recurso encantador.

—Lo hice adrede —dijo—, para que se fijaran en mi anillo.

En efecto, la misión diplomática en pleno admiró el esplendor del anillo, que debía costar una fortuna, no tanto por la clase de los diamantes como por su antigüedad bien conservada. Pero nadie advirtió que el dedo empezaba a sangrar. La atención de todos derivó después hacia el coche nuevo. El embajador había tenido el buen humor de llevarlo al aeropuerto y de hacerlo envolver en papel celofán con un enorme lazo dorado. Billy Sánchez no apreció su ingenio. Estaba tan ansioso por conocer el coche que desgarró la envoltura de un tirón y se quedó sin aliento. Era el Bentley convertible de ese año con tapicería de cuero legítimo. El cielo parecía un manto de ceniza, el Guadarrama mandaba un viento cortante y helado, y no se estaba bien a la intemperie, pero Billy Sánchez no tenía todavía la noción del frío. Mantuvo a la misión diplomática en el estacionamiento sin techo, inconsciente de que se estaban congelando por cortesía, hasta que terminó de reconocer el coche en sus detalles recónditos. Luego, el embajador se sentó a su lado para guiarlo hasta la residencia oficial donde estaba previsto un almuerzo. En el trayecto le fue indicando los lugares más conocidos de la ciudad, pero él sólo parecía atento a la magia del coche.

Era la primera vez que salía de su tierra. Había pasado por todos los colegios privados y públicos, repitiendo siempre el mismo curso, hasta que se quedó flotando en un limbo de desamor. La primera visión de una ciudad distinta de la suya, los bloques de casas cenicientas con las luces encendidas a pleno día, los árboles pelados, el mar distante, todo lo iba aumentando un sentimiento de desamparo que se esforzaba por mantener al margen del corazón. Sin embargo, poco después cayó sin darse cuenta en la primera trampa del olvido. Se había precipitado una tormenta instantánea y silenciosa, la primera de la estación, y cuando salieron de la casa del embajador después del almuerzo, para emprender el viaje hacia Francia, encontraron la ciudad cubierta de una nieve radiante. Billy Sánchez se olvidó entonces del coche, y en presencia de todos, dando gritos de júbilo y echándose puñados de polvo de nieve en la cabeza, se revolcó en mitad de la calle con el abrigo puesto.

Nena Daconte se dio cuenta por primera vez de que el dedo estaba sangrando, cuando salieron de Madrid en una tarde que se había vuelto diáfana después de la tormenta. Se sorprendió, porque había acompañado con el saxofón a la esposa del embajador, a quien le gustaba cantar arias de ópera en italiano después de los almuerzos oficiales, y apenas si notó la molestia en el anular. Después, mientras le iba indicando a su marido las rutas más cortas hacia la frontera, se chupaba el dedo de un modo inconsciente cada vez que le sangraba, y sólo cuando llegaron a los Pirineos se le ocurrió buscar una farmacia. Luego sucumbió a los sueños atrasados de los últimos días, y cuando despertó de pronto con la impresión de pesadilla de que el coche andaba por el agua, no se acordó más durante un largo rato del pañuelo amarrado en el dedo. Vio en el reloj luminoso del tablero que eran más de las tres, hizo sus cálculos mentales, y sólo entonces comprendió que habían seguido de largo por Burdeos, y también por Angulema y Poitiers, y estaban pasando por el dique del Loira inundado por la creciente. El fulgor de la luna se filtraba a través de la neblina, y las siluetas de los castillos entre los pinos parecían de cuentos de hadas. Nena Daconte, que conocía la región de memoria, calculó que estaban ya a unas tres horas de París, y Billy Sánchez continuaba impávido en el volante.

—Eres un salvaje —le dijo—. Llevas más de once horas manejando sin comer nada.

Estaba todavía sostenido en vilo por la embriaguez del coche nuevo. A pesar de que en el avión había dormido poco y mal, se sentía despabilado y con fuerzas de sobra para llegar a París al amanecer.

—Todavía me dura el almuerzo de la embajada —dijo. Y agregó sin ninguna lógica—: Al fin y al cabo, en Cartagena están saliendo apenas del cine. Deben ser como las diez.

Con todo, Nena Daconte temía que él se durmiera conduciendo. Abrió una caja de entre tantos regalos que les habían hecho en Madrid y trató de meterle en la boca un pedazo de naranja azucarada. Pero él la esquivó.

—Los machos no comen dulces —dijo.

Poco antes de Orléans se desvaneció la bruma, y una luna muy grande iluminó las sementeras nevadas, pero el tráfico se hizo más difícil por la confluencia de los enormes camiones de legumbres y cisternas de vinos que se dirigían a París. Nena Daconte hubiera querido ayudar a su marido en el volante, pero ni siquiera se atrevió a insinuarlo, porque él le había advertido desde la primera vez en que salieron juntos que no hay humillación más grande para un hombre que dejarse conducir por su mujer. Se sentía lúcida después de casi cinco horas de buen sueño, y estaba además contenta de no haber parado en un hotel de la provincia de Francia, que conocía desde muy niña en numerosos viajes con sus padres. «No hay paisajes más bellos en el mundo», decía, «pero uno puede morirse de sed sin encontrar a nadie que le dé gratis un vaso de agua». Tan convencida estaba que a última hora había metido un jabón y un rollo de papel higiénico en el maletín de mano, porque en los hoteles de Francia nunca había jabón, y el papel de los retretes eran los periódicos de la semana anterior cortados en cuadraditos y colgados de un gancho. Lo único que lamentaba en aquel momento era haber desperdiciado una noche entera sin amor. La réplica de su marido fue inmediata.

—Ahora mismo estaba pensando que debe ser del carajo tirar en la nieve —dijo—. Aquí mismo, si quieres.

Nena Daconte lo pensó en serio. Al borde de la carretera, la nieve bajo la luna tenía un aspecto mullido y cálido, pero a medida que se acercaban a los suburbios de París el tráfico era más intenso, y había núcleos de fábricas iluminadas y numerosos obreros en bicicleta. De no haber sido invierno, estarían ya en pleno día.

—Ya será mejor esperar hasta París —dijo Nena Daconte—. Bien calienticos y en una cama con sábanas limpias, como la gente casada.

—Es la primera vez que me fallas —dijo él.

—Claro —replicó ella—. Es la primera vez que somos casados.

Poco antes del amanecer se lavaron la cara y orinaron en una fonda del camino, y tomaron café con *croissants* calientes en el mostrador donde los camioneros desayunaban con vino tinto. Nena Daconte se había dado cuenta en el baño de que tenía manchas de sangre en la blusa y la falda, pero no intentó lavarlas. Tiró en la basura el pañuelo empapado, se cambió el anillo matrimonial para la mano izquierda y se lavó bien el dedo herido con agua y jabón. El pinchazo era casi invisible. Sin embargo, tan pronto como regresaron al coche volvió a sangrar, de modo que Nena Daconte dejó el brazo colgando fuera de la ventana, convencida de que el aire glacial de las sementeras tenía virtudes de cauterio. Fue otro recurso vano, pero todavía no se alarmó. «Si alguien nos quiere encontrar será muy fácil», dijo con su encanto natural. «Sólo tendrá que seguir el rastro de mi sangre en la nieve.» Luego pensó mejor en lo que había dicho, y su rostro floreció en las primeras luces del amanecer.

—Imagínate —dijo—: un rastro de sangre en la nieve desde Madrid hasta París. ¿No te parece bello para una canción?

No tuvo tiempo de volver a pensar. En los suburbios de París, el dedo era un manantial incontenible, y ella sintió de veras que se le estaba yendo el alma por la herida. Había tratado de segar el flujo con el rollo de papel higiénico que llevaba en el maletín, pero más tardaba en vendarse el dedo que en arrojar por la ventana las tiras de papel ensangrentado. La ropa que llevaba puesta, el abrigo, los asientos del coche, se iban empapando poco a poco, pero de un modo irreparable. Billy Sánchez se asustó en serio e insistió en buscar una farmacia, pero ella sabía entonces que aquello no era asunto de boticarios.

—Estamos casi en la puerta de Orléans —dijo—. Sigue de frente, por la avenida del General Leclerc, que es la más ancha y con muchos árboles, y después yo te voy diciendo lo que haces.

Fue el trayecto más arduo de todo el viaje. La avenida del General Leclerc era un nudo infernal de automóviles pequeños y motocicletas, embotellados en ambos sentidos, y de los camiones enormes que trataban de llegar a los mercados centrales. Billy Sánchez se puso tan nervioso con el estruendo inútil de las bocinas que se insultó a gritos en lengua de cadeneros con varios conductores y hasta trató de bajarse del coche para pelearse con uno, pero Nena Daconte logró convencerlo de que los franceses eran la gente más grosera del mundo, pero no se golpeaban nunca. Fue una prueba más de su buen juicio, porque en aquel momento Nena Daconte estaba haciendo esfuerzos para no perder la conciencia.

Sólo para salir de la glorieta de Léon de Belfort necesitaron más de una hora. Los cafés y almacenes estaban iluminados como si fuera la medianoche, pues era un martes típico de los eneros de París, encapotados y sucios, y con una llovizna tenaz que no alcanzaba a concretarse en nieve. Pero la avenida Denfert-Rochereau estaba más despejada, y al cabo de unas pocas cuadras Nena Daconte le indicó a su marido que doblara a la derecha, y estacionó frente a la entrada de emergencia de un hospital enorme y sombrío.

Necesitó ayuda para salir del coche, pero no perdió la serenidad ni la lucidez. Mientras llegaba el médico de turno, acostada en la camilla rodante, contestó a la enfermera el cuestionario de rutina sobre su identidad y sus antecedentes de salud. Billy Sánchez le llevó el bolso y le apretó la mano izquierda donde entonces llevaba el anillo de bodas, y la sintió lánguida y fría, y sus labios habían perdido el color. Permaneció a su lado, con la mano en la suya, hasta que llegó el médico de turno y le hizo un examen rápido al anular herido. Era un hombre muy joven, con la piel del color del cobre antiguo y la cabeza pelada. Nena Daconte no le prestó atención, sino que dirigió a su marido una sonrisa lívida.

—No te asustes —le dijo, con su humor invencible—. Lo único que puede suceder es que este caníbal me corte la mano para comérsela.

El médico concluyó su examen, y entonces los sorprendió con un castellano muy correcto, aunque con un raro acento asiático.

—No, muchachos —dijo—. Este caníbal prefiere morirse de hambre antes que cortar una mano tan bella.

Ellos se ofuscaron, pero el médico los tranquilizó con un gesto amable. Luego ordenó que se llevaran la camilla, y Billy Sánchez quiso seguir con ella, cogido de la mano de su mujer. El médico lo detuvo por el brazo.

—Usted no —le dijo—. Va para cuidados intensivos.

Nena Daconte le volvió a sonreír al esposo, y le siguió diciendo adiós con la mano hasta que la camilla se perdió en el fondo del corredor. El médico se retrasó estudiando los datos que la enfermera había escrito en una tablilla. Billy Sánchez lo llamó.

—Doctor —le dijo—. Ella está encinta.

—¿Cuánto tiempo?

—Dos meses.

El médico no le dio la importancia que Billy Sánchez esperaba. «Hizo bien en decírmelo», dijo, y se fue detrás de la camilla. Billy Sánchez se quedó parado en la sala lúgubre olorosa a sudores de enfermos, se quedó sin saber qué hacer mirando el corredor vacío por donde se habían llevado a Nena Daconte, y luego se sentó en el escaño de madera donde había otras personas esperando. No supo cuánto tiempo estuvo ahí, pero cuando decidió salir del hospital era otra vez de noche y continuaba la llovizna, y él seguía sin saber ni siquiera qué hacer consigo mismo, abrumado por el peso del mundo.

Nena Daconte ingresó a las 9.30 del martes 7 de enero, según lo pude comprobar años después en los archivos del hospital. Aquella primera noche, Billy Sánchez durmió en el coche estacionado frente a la puerta de urgencias, y muy temprano, al día siguiente, se comió seis huevos cocidos y dos tazas de café con leche en la cafetería que encontró más cerca, pues no había hecho una comida completa desde Madrid. Después volvió a la sala de urgencias para ver a Nena Daconte, pero le hicieron entender que debía dirigirse a la entrada principal. Allí consiguieron, por fin, un asturiano del servicio que lo ayudó a entenderse con el portero, y éste comprobó que, en efecto, Nena Daconte estaba registrada en el hospital, pero que sólo se permitían visitas los martes, de nueve a cuatro. Es decir, seis días después. Trató de ver al médico que hablaba castellano, a quien describió como un negro con la cabeza pelada, pero nadie le dio razón con dos detalles tan simples.

Tranquilizado con las noticias de que Nena Daconte estaba en el registro, volvió al lugar donde había dejado el coche, y un agente del tránsito lo obligó a estacionar dos cuadras más adelante, en una calle muy estrecha y del lado de los números impares. En la acera de enfrente había un edificio restaurado con un letrero: «Hotel Nicole». Tenía una sola estrella, y una sala de recibo muy pequeña donde no había más que un sofá y un viejo piano vertical, pero el propietario de voz aflautada podía entenderse con los clientes en cualquier idioma a condición de que tuvieran con qué pagar. Billy Sánchez se instaló con once maletas y nueve cajas de regalos en el único cuarto libre, que era una mansarda triangular en el noveno piso, adonde se llegaba sin aliento por una escalera en espiral que olía a espuma de coliflores hervidas. Las paredes estaban forradas de colgaduras tristes y por la única ventana no cabía nada más que la claridad turbia del patio interior. Había una cama para dos, un ropero grande, una silla simple, un bidé portátil y un aguamanil con su platón y su jarra, de modo que la única manera de estar dentro del cuarto era acostado en la cama. Todo era, peor que viejo, desventurado, pero también muy limpio, y con un rastro saludable de medicina reciente.

A Billy Sánchez no le habría alcanzado la vida para descifrar los enigmas de ese mundo fundado en el talento de la cicatería. Nunca entendió el misterio de la luz de la escalera que se apagaba antes de que él llegara a su piso, ni descubrió la manera de volver a encenderla. Necesitó media mañana para aprender que en el rellano de cada piso había un cuartito con un excusado de cadena, y ya había decidido usarlo en las tinieblas cuando descubrió por casualidad que la luz se encendía al pasar el cerrojo por dentro, para que nadie la dejara encendida por olvido. La ducha, que estaba en el extremo del corredor y que él se empeñaba en usar dos veces al día como en su tierra, se pagaba aparte y de contado, y el agua caliente, controlada desde la administración, se acababa a los tres minutos. Sin embargo, Billy Sánchez tuvo bastante claridad de juicio para comprender que aquel orden tan distinto del suyo era de todos modos mejor que la intemperie de enero, y se sentía además tan ofuscado y solo que no podía entender cómo pudo vivir alguna vez sin el amparo de Nena Daconte.

Tan pronto como subió al cuarto, la mañana del miércoles, se tiró boca abajo en la cama con el abrigo puesto, pensando en la criatura de prodigio que continuaba desangrándose en la acera de enfrente, y muy pronto sucumbía en un sueño tan natural que cuando despertó eran las cinco en el reloj, pero no pudo deducir si eran las cinco de la tarde o del amanecer, ni de qué día de la semana ni en qué ciudad de vidrios azotados por el viento y la lluvia. Esperó despierto en la cama, siempre pensando en Nena Daconte, hasta comprobar que en realidad amanecía. Entonces fue a desayunar a la misma cafetería del día anterior, y allí supo que era jueves. Las luces del hospital estaban encendidas y había dejado de llover, de modo que permaneció recostado en el tronco de un castaño frente a la entrada principal, por donde entraban y salían médicos y enfermeras de batas blancas, con la esperanza de encontrar al médico asiático que había recibido a Nena Daconte. No lo vio, ni tampoco esa tarde después del almuerzo, cuando tuvo que desistir de la espera porque se estaba congelando. A las siete se tomó otro café con leche y se comió dos huevos duros que él mismo cogió del aparador después de cuarenta y ocho horas de estar comiendo la misma cosa en el mismo lugar. Cuando volvió al hotel para acostarse encontró su coche solo en una acera y todos los demás en la acera de enfrente, y tenía puesta la notificación de una multa en el parabrisas. Al portero del hotel Nicole le costó trabajo explicarle que en los días impares del mes se podía estacionar en la acera de números impares, y al día siguiente, en la acera contraria. Tantas artimañas racionalistas resultaban incomprensibles para un Sánchez de Ávila de los más acendrados, que apenas dos años antes se había metido en un cine de barrio con el automóvil oficial del alcalde mayor, y había causado estragos de muerte ante los policías impávidos. Entendió menos todavía cuando el portero del hotel le aconsejó que pagara la multa, pero que no cambiara el coche de lugar a esa hora, porque tendría que cambiarlo otra vez a las doce de la noche. Aquella madrugada, por primera vez, no pensó sólo en Nena Daconte, sino que daba vueltas en la cama sin poder dormir, pensando en sus propias noches de pesadumbre en las cantinas de maricas del mercado público de Cartagena del Caribe. Se acordaba del sabor del pescado frito y el arroz de coco en las fondas del muelle donde atracaban las goletas de Aruba. Se acordó de su casa con las paredes cubiertas de trinitarias, donde serían apenas las siete de la noche de ayer, y vio a su padre con un pijama de seda leyendo el periódico en el fresco de la terraza.

Se acordó de su madre, de quien nunca se sabía dónde estaba a ninguna hora, su madre apetitosa y lenguaraz, con un traje de domingo y una rosa en la oreja desde el atardecer, ahogándose de calor por el estorbo de sus telas espléndidas. Una tarde, cuando él tenía siete años, había entrado de pronto en el cuarto de ella y la había sorprendido desnuda en la cama con uno de sus amantes casuales. Aquel percance, del que nunca habían hablado, estableció entre ellos una relación de complicidad que era más útil que el amor. Sin embargo, él no fue consciente de eso, ni de tantas cosas terribles de su soledad de hijo único, hasta esa noche en que se encontró dando vueltas en la cama de una mansarda triste de París, sin nadie a quien contarle su infortunio, y con una rabia feroz contra sí mismo porque no podía soportar las ganas de llorar.

Fue un insomnio provechoso. El viernes se levantó estropeado por la mala noche, pero resuelto a definir su vida. Se decidió por fin a violar la cerradura de su maleta para cambiarse de ropa, pues las llaves de todas estaban en el bolso de Nena Daconte, con la mayor parte del dinero y la libreta de teléfonos donde tal vez hubiera encontrdo el número de algún conocido de París. En la cafetería de siempre se dio cuenta de que había aprendido a saludar en francés, y a pedir sandwiches de jamón y café con leche. También sabía que nunca le sería posible ordenar mantequilla ni huevos en ninguna forma, porque nunca los aprendería a decir, pero la mantequilla la servían siempre con el pan, y los huevos duros estaban a la vista en el aparador y se cogían sin pedirlos. Además, al cabo de tres días, el personal de servicio se había familiarizado con él, y le ayudaba a explicarse. De modo que el viernes al almuerzo, mientras trataba de poner la cabeza en su puesto, ordenó un filete de ternera con papas fritas y una botella de vino. Entonces se sintió tan bien que pidió otra botella, la bebió hasta la mitad, y atravesó la calle con la resolución firme de meterse en el hospital por la fuerza. No sabía dónde encontrar a Nena Daconte, pero en su mente estaba fija la imagen providencial del médico asiático, y estaba seguro de encontrarlo. No entró por la puerta principal, sino por la de urgencias, que le había parecido menos vigilada, pero no alcanzó a llegar más allá del corredor donde Nena Daconte le había dicho adiós con la mano. Un guardián con la bata salpicada de sangre le preguntó algo al pasar, y él no le prestó atención. El guardián lo siguió, repitiendo siempre la misma pregunta en francés, y por último lo agarró del brazo con tanta fuerza que lo detuvo en seco. Billy Sánchez trató de sacudírselo con un recurso de cadenero, y entonces el guardián se cagó en su madre en francés, le torció el brazo en la espalda con una llave maestra, y sin dejar de cagarse mil veces en su puta madre lo llevó casi en vilo hasta la puerta, rabiando de dolor, y lo tiró como un bulto de papas en mitad de la calle.

Aquella tarde, dolorido por el escarmiento, Billy Sánchez empezó a ser adulto. Decidió, como lo hubiera hecho Nena Daconte, acudir a su embajador. El portero del hotel, que a pesar de su catadura huraña era muy servicial, y además muy paciente con los idiomas, encontró el número y la dirección de la embajada en el directorio telefónico, y se los anotó en una tarjeta. Contestó una mujer muy amable, en cuya voz pausada y sin brillo reconoció Billy Sánchez de inmediato la dicción de los Andes. Empezó por anunciarse con su nombre completo, seguro de impresionar a la mujer con sus dos apellidos, pero la voz no se alteró en el teléfono. La oyó explicar de memoria la lección de que el señor embajador no estaba por el momento en su oficina y no le esperaban hasta el día siguiente, pero de todos modos no podía recibirlo sino con cita previa y sólo para un caso especial. Billy Sánchez comprendió entonces que tampoco por ese camino llegaría hasta Nena Daconte, y agradeció la información con la misma amabilidad con que se la habían dado. Luego tomó un taxi y se fue a la embajada.

Estaba en el número 22 de la calle del Elíseo, dentro de uno de los sectores más apacibles de París, pero lo único que le impresionó a Billy Sánchez, según él mismo me lo contó en Cartagena de Indias muchos años después, fue que el sol estaba tan claro como en el Caribe por primera vez desde su llegada, y que la torre Eiffel sobresalía por encima de la ciudad en un cielo radiante. El funcionario que lo recibió en lugar del embajador parecía apenas restablecido de una enfermedad mortal, no sólo por el vestido de paño negro, el cuello opresivo y la corbata de luto, sino también por el sigilo de sus ademanes y la mansedumbre de la voz. Entendió la ansiedad de Billy Sánchez, pero le recordó, sin perder la dulzura, que estaban en un país civilizado cuyas normas estrictas se fundaban en los criterios más antiguos y sabios, al contrario de las Américas bárbaras, donde bastaba con sobornar al portero para entrar en los hospitales. «No, mi querido joven», le dijo. No había más remedio que someterse al imperio de la razón, y esperar hasta el martes.

—Al fin y al cabo, ya no faltan sino cuatro días —concluyó—. Mientras tanto, vaya al Louvre. Vale la pena.

Al salir, Billy Sánchez se encontró sin saber qué hacer en la plaza de la Concordia. Vio la torre Eiffel por encima de los tejados, y le pareció tan cercana que trató de llegar hasta ella caminando por los muelles. Pero muy pronto se dio cuenta de que estaba más lejos de lo que parecía, y que además cambiaba de lugar a medida que la buscaba. Así que se puso a pensar en Nena Daconte sentado en un banco de la orilla del Sena. Vio pasar los remolcadores por debajo de los puentes, y no le parecieron barcos, sino casas errantes de techos colorados y ventanas con tiestos de flores en el alféizar, y alambres con ropa puesta a secar en los planchones. Contempló durante un largo rato a un pescador inmóvil, con la caña inmóvil y el hilo inmóvil en la corriente, y se cansó de esperar a que algo se moviera, hasta que empezó a oscurecer, y decidió tomar un taxi para regresar al hotel. Sólo entonces cayó en la cuenta de que ignoraba el nombre y la dirección, y de que no tenía la menor idea del sector de París donde estaba el hospital.

Ofuscado por el pánico, entró en el primer café que encontró, pidió un coñac y trató de poner sus pensamientos en orden. Mientras pensaba, se vio repetido muchas veces y desde ángulos distintos en los espejos numerosos de las paredes, y se encontró asustado y solitario, y por primera vez desde su nacimiento pensó en la realidad de la muerte. Pero con la segunda copa se sintió mejor, y tuvo la idea providencial de volver a la embajada. Buscó la tarjeta en el bolsillo para recordar el nombre de la calle, y descubrió que en el dorso estaban impresos el nombre y la dirección del hotel. Quedó tan mal impresionado con aquella experiencia, que durante el fin de semana no volvió a salir del cuarto sino para comer y para cambiar el coche a la acera correspondiente. Durante tres días cayó sin pausa la misma llovizna sucia de la mañana en que llegaron. Billy Sánchez, que nunca había leído un libro completo, hubiera querido tener uno para no aburrirse tirado en la cama, pero los únicos que encontró en las maletas de su esposa eran en idiomas distintos del castellano. Así que siguió esperando el martes, contemplando los pavorreales repetidos en el papel de las paredes y sin dejar de pensar un solo instante en Nena Daconte. El lunes puso un poco de orden en el cuarto, pensando en lo que diría ella si lo encontraba en ese estado, y sólo entonces descubrió que el abrigo de visón estaba manchado de sangre seca. Pasó la tarde lavándolo con el jabón de olor que encontró en el maletín de mano, hasta que logró dejarlo otra vez como lo habían subido al avión en Madrid.

El martes amaneció turbio y helado, pero sin la llovizna, y Billy Sánchez se levantó desde las seis, y esperó en la puerta del hospital junto con una muchedumbre de parientes de enfermos cargados de paquetes de regalos y ramos de flores. Entró con el tropel, llevando en el brazo el abrigo de visón, sin preguntar nada y sin ninguna idea de dónde podía estar Nena Daconte, pero sostenido por la certidumbre de que había de encontrar al médico asiático. Pasó por un patio interior muy grande, con flores y pájaros silvestres, a cuyos lados estaban los pabellones de los enfermos: las mujeres, a la derecha, y los hombres, a la izquierda. Siguiendo a los visitantes entró en el pabellón de mujeres. Vio una larga hilera de enfermas sentadas en las camas con el camisón de trapo del hospital, iluminadas por las luces grandes de las ventanas, y hasta pensó que todo aquello era más alegre de lo que se podía imaginar desde fuera. Llegó hasta el extremo del corredor, y luego lo recorrió de nuevo en sentido inverso, hasta convencerse de que ninguna de las enfermas era Nena Daconte. Luego recorrió otra vez la galería exterior mirando por la ventana los pabellones masculinos, hasta que creyó reconocer al médico que buscaba.

Era él, en efecto. Estaba con otros médicos y varias enfermeras, examinando a un enfermo. Billy Sánchez entró en el pabellón, apartó a una de las enfermeras del grupo y se paró frente al médico asiático, que estaba inclinado sobre el enfermo. Lo llamó. El médico levantó sus ojos desolados, pensó un instante y entonces lo reconoció.

—Pero ¿dónde diablos se había metido usted? —dijo.

Billy Sánchez se quedó perplejo.

—En el hotel —dijo—. Aquí, a la vuelta.

Entonces lo supo. Nena Daconte había muerto desangrada a las 7.10 de la noche del jueves 9 de enero, después de setenta horas de esfuerzos inútiles de los especialistas mejor calificados de Francia. Hasta el último instante había estado lúcida y serena, y dio instrucciones para que buscaran a su marido en el hotel Plaza Athenée, donde tenían una habitación reservada, y dio los datos para que se pusieran en contacto con sus padres. La embajada había sido informada el viernes por un cable urgente de su cancillería, cuando ya los padres de Nena Daconte volaban hacia París. El embajador en persona se encargó de los trámites del embalsamamiento y los funerales, y permaneció en contacto con la Prefectura de Policía de París para localizar a Billy Sánchez. Un llamado urgente con sus datos personales fue transmitido desde la noche del viernes hasta la tarde del domingo a través de la radio y la televisión, y durante esas cuarenta horas fue el hombre más buscado en Francia. Su retrato, encontrado en el bolso de Nena Daconte, estaba expuesto por todas partes. Tres Bentley convertibles del mismo modelo habían sido localizados, pero ninguno era el suyo.

Los padres de Nena Daconte habían llegado el sábado a mediodía, y velaron el cadáver en la capilla del hospital esperando hasta última hora encontrar a Billy Sánchez. También los padres de éste habían sido informados, y estuvieron listos para volar a París, pero al final desistieron por una confusión de telegramas. Los funerales tuvieron lugar el domingo a las dos de la tarde, a sólo doscientos metros del sórdido cuarto del hotel donde Billy Sánchez agonizaba de soledad por el amor de Nena Daconte. El funcionario que lo había atendido en la embajada me dijo años más tarde que él mismo recibió el telegrama de su cancillería una hora después de que Billy Sánchez salió de su oficina, y que estuvo buscándolo por los bares sigilosos del Faubourg St. Honoré. Me confesó que no le había puesto mucha atención cuando lo recibió, porque nunca se hubiera imaginado que aquel costeño aturdido por la novedad de París, y con un abrigo de cordero tan mal llevado, tuviera a su favor un origen tan ilustre. El mismo domingo por la noche, mientras él soportaba las ganas de llorar de rabia, los padres de Nena Daconte desistieron de la búsqueda y se llevaron el cuerpo embalsamado dentro del ataúd metálico, y quienes alcanzaron a verlo siguieron repitiendo durante muchos años que no habían visto nunca una mujer más hermosa, ni viva ni muerta. De modo que cuando Billy Sánchez entró por fin en el hospital, el martes en la mañana, ya se había consumado el entierro en el triste panteón de La Manga, a muy pocos metros de la casa donde ellos habían descifrado las primeras claves de la felicidad. El médico asiático que puso a Billy Sánchez al corriente de la tragedia quiso darle unas pastillas calmantes en la sala del hospital, pero él las rechazó. Se fue sin despedirse, sin nada que agradecer, pensando que lo único que necesitaba con urgencia era encontrar a alguien a quien romperle la madre a cadenazos para desquitarse de su desgracia. Cuando salió del hospital, ni siquiera se dio cuenta de que estaba cayendo del cielo una nieve sin rastros de sangre, cuyos copos tiernos y nítidos parecían plumitas de palomas, y que en las calles de París había un aire de fiesta, porque era la primera nevada grande en diez años.

1976.